Gravel Pit Architecture

Für V. und alle kleinen und großen Kinder

Thomas Spiegelhalter

GRAVEL PIT ARCHITECTURE
Architektur in der Kiesgrube

Projekte, Projects 1980–1990

Verlag Jürgen Häusser

Textbeiträge

Stephan Berg
Über das Gleiten zwischen den Systemen

Karl-Heinz Menzen
**Abfallprodukt Mensch
Lagerungs-, Ver- und Entsorgungsprobleme**

Hermann Wiesler
Ein neues, ein anderes Leben

1. Auflage 1990 by © Verlag Jürgen Häusser,
Frankfurter Straße 64, D-6100 Darmstadt
Textbeiträge: © bei den Autoren
Foto: Andreas Lindlar, Thomas Spiegelhalter, Freiburg
Übersetzung: Jürgen Schneider, Dublin (Irland)
Gesamtherstellung: Caro Druck GmbH, Frankfurt/M.
Alle Rechte vorbehalten
Printed in the Federal Republic of Germany
ISBN 3-927902-32-2

Stephan Berg

Über das Gleiten zwischen den Systemen

Von allen Mythen, denen die Menschheit nachgegangen hat, ist der von der Ordnung der Welt vermutlich der hartnäckigste. Ordnungssysteme waren und sind die Haltegriffe, mit denen wir glaubten und glauben, uns vor dem drohenden Einbruch des Chaos schützen zu können. Solange diese Ordnungen sich noch durch einen teleologisch überwölbten göttlichen Plan beglaubigen ließen, funktionierten sie quasi als Selbstläufer. Als mikrokosmische Abbilder einer übergeordneten galaktischen Superstruktur, deren vernünftiger Endzweck nicht in Frage gestellt werden konnte, mußte ihre Konsistenz und Sinnhaltigkeit notwendig als absolut und unhintergehbar erscheinen. Erst als sich, allerspätestens seit Ende des 18. Jahrhunderts, die Idee eines allumfassenden göttlichen Zusammenhangs auflöste und auf der transzendenzlos gewordenen Erde nur noch das gerade aus seiner „selbstverschuldeten Unmündigkeit" emanzipierte Individuum herrschte, geriet auch der bisher so fest gefügte Glaube an eine absolute Ordnung in einen Zustand gleitender, poröser Ambivalenz. Dabei etablierte sich ein paradoxer Zusammenhang: Das Mehr an persönlicher Freiheit, das der Individuationsprozeß den Subjekten in der Geschichte versprach, brachte eine Atomisierung und Zentrifugalisierung der Sinnhorizonte mit sich, die den Glauben an die Gültigkeit nur eines einzigen Ordnungssystems im Grunde unmöglich machte, und andererseits doch gerade auf diesen Glauben überlebensnotwendig angewiesen war, wollte man nicht den Anspruch auf die souveräne Verfügung über die Welt endgültig aufgeben.

Zu diesem notwendigen Verzicht ist es, wie wir wissen, bis heute nicht gekommen. Nach wie vor erscheint das eigentlich nur noch phantastisch zu imaginierende Modell einer allesumgreifenden Weltordnung und die dazugehörige Haltung einer über sie verfügenden individuellen Souveränität nicht nur als gegeben, sondern auch als lebbar. Kausalität, Funktionalität und Hierarchisierung als Ableitungen dieser Halluzination einer souverän gesteuerten Welt-Ordnungs-Maschinerie gelten immer noch als die entscheidenden Instrumente zur Sicherung eines Zusammenhangs, der doch in Wirklichkeit immer nur ein fiktiver, begrifflich erzeugter war. Der Zwang zur kausalen Systematisierung, zur Festschreibung des nicht Festschreibbaren, ereilt uns selbst da noch, wo wir ihm, wie in den neuesten Überlegungen zur Chaostheorie endgültig entkommen schienen: Denn natürlich etabliert sich durch diesen Perspektivwechsel von der Ordnung zum Chaos keine wirkliche Regellosigkeit, sondern eben nur eine Theorie der Unordnung, die, auf einem negativen Ordnungsbegriff fußend wiederum

Stephan Berg

On the gliding between the systems

Of all the myths mankind has indulged in, the myth of the order of the world is probably the most persisting. Systems of order have been and still are the lifeline by which we believe to be able to protect ourselves from the threat of chaos. For as long as these systems could be verified by a teleologically enhanced divine design they seemed to work on their own. As microcosmic images of a superior galactical superstructure whose rational ultimate purpose could not be questioned, their consistence and deeper meaning was bound to appear absolute and unquestionable. Only when — since the end of the 18th century at the latest — the concept of an all-embracing divine design disintegrated and man only, having emancipated himself from its "inferiority brought by its own fault", began to rule a globe, which had lost its transcendental dimension, only then did the firm belief in the Absolute reach a state of gliding, porous ambivalence. In this context a paradox was created: the greater personal freedom, which the process of individuation promised to the subjects in history, led to an atomization and centrifugalization of the meaning, which made it virtually impossible to believe in the validity of a singular system of order, and which on the other hand depended on this very belief in order to survive, lest the claim the free disposal of the world be abondoned once and for all. As we know this renunciation has up to know not materialised. The old model of a universal world order which today can only be found in the realm of imagination, together with its concomitant concept of the sovereignty of the individual over it is still not only taken for granted, but also thought liveable. Causality, functionality and a hierarchical concept as derivations of this hallucination of a consistently controlled world order-machinery are still seen to be the decisive instruments with which to ensure a context, which in reality had always been a purely fictitious concept. The necessity of causal systematization, of the determination of what can't be determined takes hold of us even at the point, where we thought to have left it behind, as in the most recent reflections on the theory of chaos: this change of perspective from order to chaos does not establish a real lack of rules, but is only just a theory of disorder, which based on a negative concept of order designs a system, in which even the consistency of what is absolutely inconsistent can be guaranteed.

Thomas Spiegelhalter is well aware of these problems, and what is more they are the central starting-point of his work. In his fractal designs he radically suspends with seemingly definite unambiguities, ostensibly fixed vantage points, and decomposes them in oscillating, tip-

eine Systematik entwirft, mit der sich sogar noch die Konsistenz des absolut Inkonsistenten garantieren läßt. Thomas Spiegelhalter weiß um diese Probleme, mehr noch, er hat sie zum zentralen Ausgangspunkt seiner Arbeit gemacht. Mit offener Radikalität suspendiert er in seinen fraktalen Entwürfen scheinbar klare Eindeutigkeiten, vorgeblich feste Standpunkte und löst sie auf in schillernde, kippende, schräge prozessuale Verläufe: Dynamik und Flexibilität als Hebel, mit dem sich die Verkrustungen statischer Selbstzufriedenheit aufbrechen lassen. Ein schwieriges Unterfangen angesichts einer Realität, in der man, wie Spiegelhalter selbst sagt, „überall auf abgezirkeltes, registriertes, strukturiertes, angeeignetes, verdautes und ausgeschiedenes Terrain" stößt. Spiegelhalter hat aus diesem zu Tode geordneten, kausal vernetzten Zustand der Wirklichkeit die Konsequenzen gezogen, und sich für seine Arbeit dahin zurückgezogen, wo der rasternde Zugriff fixierungssüchtiger Ordnungssysteme nur in einer Form wirksam ist, die ihre eigenen Bedeutungszusammenhänge immer wieder transformiert – in die Landschaften der Kieswerke. Dort, an den Rändern unserer Wahrnehmung, auf den weißen leeren Feldern der Landkarten, findet er die „kleinen Sonderwelten", in denen sich seine Disfunktionalisierungs- und Dehierarchisierungsvorstellungen prototypisch verwirklichen lassen.

Im Gegensatz zu der Organisation und Bebauung der üblichen Siedlungs- und Verkehrsflächen mit ihrer Struktur der statischen „Verwurzelung" und der unhintergehbaren Idee des „Aufbaus", enthalten die Kiesgruben und ihre Architekturen, in ihrer von Anfang an auf schlußendliche Demontage angelegten temporären Präsenz, eine Aura des Provisorischen, Fragmentarischen. Es sind Landschaften zwischen allen Zuständen, in denen Natur und Künstliches, Organisches und Technisches fragile, oszillierende Verbindungen eingehen. Vor allem aber sind es Orte, denen das Moment der Bewegung, der prozessualen Veränderung stets inhärent ist: einmal durch die Tatsache, daß diese Plätze nun einmal ihren Sinn daraus beziehen ihren eigenen Abbau zu betreiben, sozusagen ihre eigene Mentalität aufzuheben, zum anderen aber auch durch die Architektur, die einer doppelten Mobilität gehorcht: einem Funktionszusammenhang, dessen Zweck auf Beförderung, also auf Bewegung gerichtet ist und einer Konstruktion, die bewußt so flexibel und provisorisch gehalten ist, daß sie nach Beendigung der Arbeit vollständig zerlegt werden kann.

ping, slanting processes: dynamics and flexibility as a lever, with which to break up the crusts of static selfsatisfaction. A difficult task in face of a reality in which one finds, as Spiegelhalter says himself: "A mathematically exact, registered, structured, occupied, digested and excreted territory." Spiegelhalter drew the necessary conclusions out of this state of reality with its lethal and causal order, and in order to work he retired to a place, where the screening grid of systems of order addicted to fix limits are only effective in a manner, which again and again transforms its own meaning — to the landscape of the gravel plants. There ar the edge of our perception, on the white and blank spaces of the maps, he finds those "small special worlds", in which his ideas of disfunctionalization and dehierarchisation can be realised in a prototypical manner.

Gravel pits and their architectures seem to Spiegelhalter to be suitable in more than one way. Contrary to the organization and the building of our ordinary estates and traffic systems with their structure of a static "rootage" and the inevitable idea of "construction" the gravel pits and their architectures with their temporary presence (their dismantling is intended from the very beginning) are surrounded by an aura of the provisional and of fragmentation.

These are landscapes between all states of being, in which the natural and the artificial, the organic and the technical form fragile, oscillating combinations. But above all they are places to which the aspect of movement, of continual change is inherent: on one hand due to the fact, that these places are characterized by their own gradual extraction, by the disappearance of their materiality, and on the other hand by virtue of an architecture obeying a double mobility: a functionalism whose purpose is transportation, i.e. movement, and a construction which is purposefully kept so flexible and provisional, so that it can be dismantled after the work is finished.

According to Thomas Spiegelhalter these oscillating, mobile places can be used at the very moment of their being closed down. Freed from all functional constraints, they at last form into empty spaces which utterly lack any conventional aim and any socially binding meaning. "Unprofitable for the investment-conscious holiday park-engineers intending to revitalize them, of no use to industrial archeologists, faceless and unfit to demonstrate industrial and social history", landscape and architecture bob up and down on a meta-level between sense and nonsense, between materiality and decomposition — places, which can be transformed, conveyor belts, which

Für Thomas Spiegelhalter werden diese schillernd beweglichen Orte in dem Moment benutzbar, in dem sie stillgelegt sind. Befreit von aller zweckrationalen Gebundenheit, werden sie endlich zu leeren Feldern, denen sowohl ein konventionelles Ziel, wie auch ein gesellschaftlich verbindlicher Sinn vollständig fehlt. „Unrentabel für die Revitalisierungsabsichten investmentbewußter Vergnügungspark-Ingenieure, indifferent und zeitlos für Industriearchäologen, bezugs- und gesichtslos zur Demonstration von Industrie- und Sozialgeschichte", dümpeln Landschaft und Architektur auf einer Meta-Ebene zwischen Sinn und Unsinn, zwischen Materialität und Auflösung: Orte, die sich verwandeln lassen, Förderbänder, die keinen Kies mehr, sondern Träume befördern, Siloaufbauten, in denen man wohnt und arbeitet. Industriearchitekturen, die nicht mehr dazu dienen, das Material zu fördern, das, im Akt der Transformation von Kiessand in andere Aggregatszustände, als „Bindemittel unseres Daseins" unser Leben konstruiert, sondern dazu, eine multivalente Kombination fließender Fraktale zu schaffen, die unsere Phantasie bewegt, indem sie uns jeden nur möglichen Freiraum läßt. In der Nähe der französischen Grenze, in einem südbadischen Hafengebiet am Oberrhein entsteht dieses Jahr ein Traum. Eine bewohnbare Architekturskulptur, an der Mischform eines Insektenkörpers und Förderbaggers orientiert und aus demontierten Kieswerksteilen zusammengesetzt, die durch reichliche Bepflanzung organisch überwuchert werden. Eine architektonische Realisation, die sich das Gleiten zwischen den Systemen zur Aufgabe gemacht hat, ein Solitär in der Provinz, der uns zeigen könnte, daß man die Welt unterschätzt, wenn man sie immer noch mit der Ordnung des rechten Winkels erklären will.

Freiburg, Jan. 1990
Stefan Berg

no longer transport gravel, but dreams, silo constructions, in which you may live and work. Industrial architectures which are no longer used to excavate the material, which in the act of transformation of gravel sand into other aggregate states as "an existential binder of our existence" create our lives, but rather to create a multiple combination of flowing fractals, which gives free rein to our imagination.

Near the French border, in a harbour area at the Upper Rhine in Southern Baden such a dream is going to be realised this year. An architectural sculpture to live in, looking like a mixture of an insect and an excavator and constructed from dismantled parts of the gravel plant, which will be organically overgrown due to extensive plantation. An architectural realisation, which has set itself the task to glide between the systems, a solitaire in the province, which might show us, that we underestimate this world as long as we still try to explain it by means of the order of the right angle.

Freiburg, January 1990
Stephan Berg

Gravel Pits
Kiesgrube

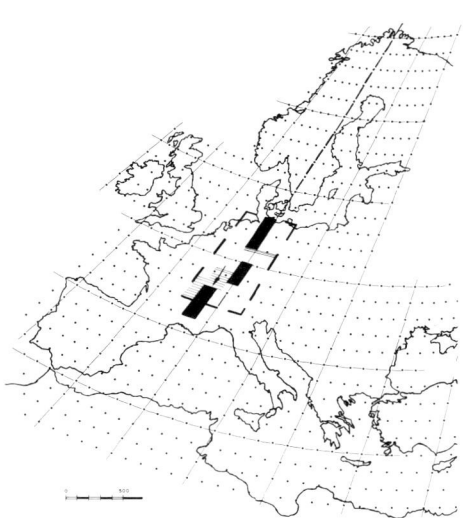

Erkundungs- und Projektbereiche stillgelegter Kieswerke und aufgelassener Kiesgruben in städtischen Randgebieten

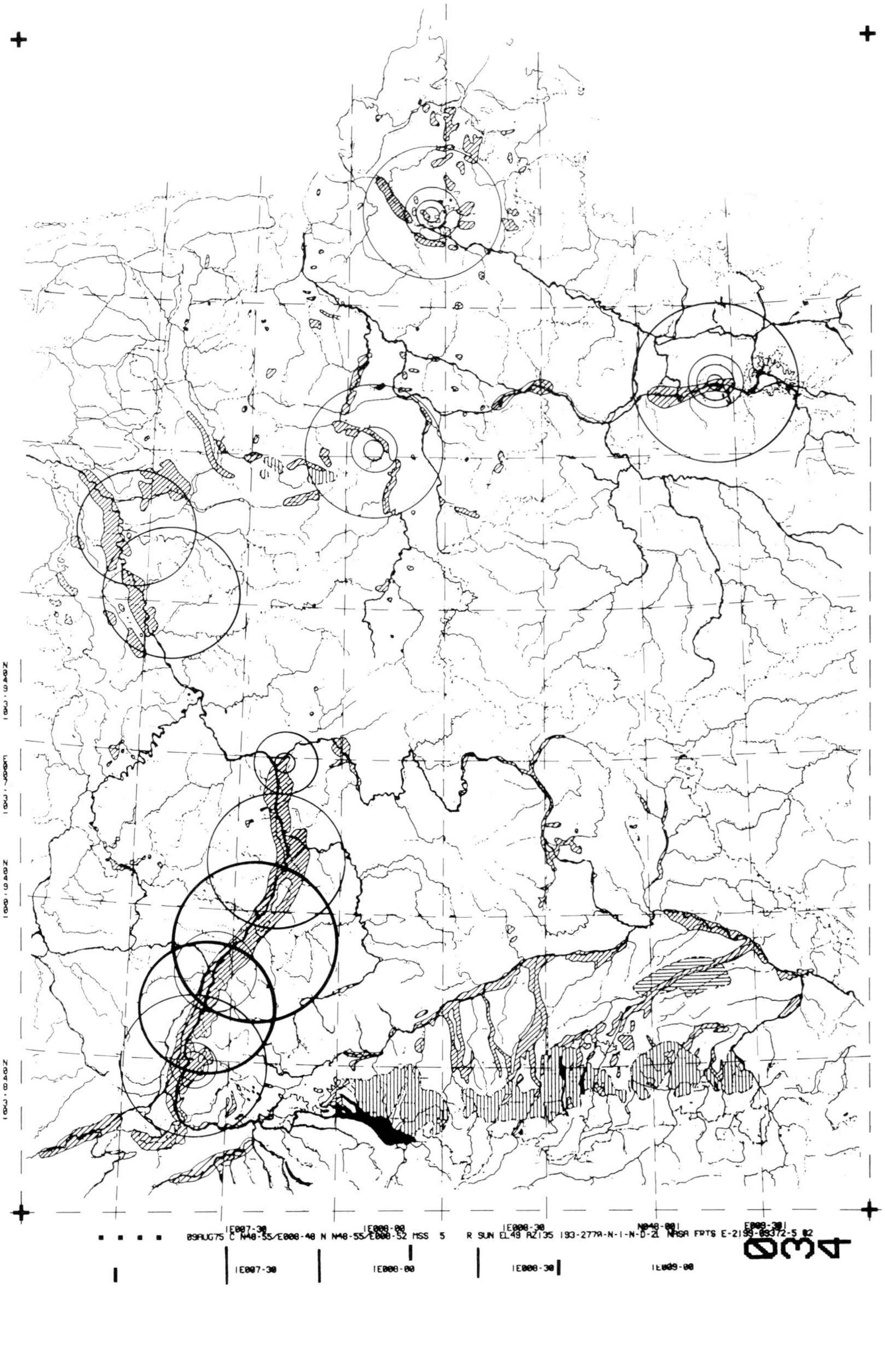

Karte der BRD und DDR von Gebieten mit oberflächennahen Lagerstätten von Kies und Sand und verstärktem Auftreten von Baggerseen und Kiesgruben

Lebensraum Kiesgrube

Interessenkonflikte am Beispiel der BRD
Folgenutzungen in der Kiesgrube

Unter der Maxime „Beeinträchtigung des Landschaftsbildes durch funktionsgeprägte Bauwerke" wird der gesetzlich verordnete Abriß von Kieswerkanlagen vollzogen.

Die in der Regel darauffolgenden unterschiedlichen Nutzungen von Kiesgruben nach Beendigung des Abbaues und der verordneten Demontage der Anlagen sind beispielsweise:

1. Lebenswichtige Refugien für seltene Pflanzen- und Tierarten, Einrichtung von Biotopen, Ausweisung zu Naturschutzgebieten, Überlebensreservoir für Arten, die in unserer Kulturlandschaft keinen Raum mehr finden
2. Exkursionsgebiete für Naturlehrzwecke
3. Freiland-Laboratorien für die wissenschaftliche Forschung
4. Bei vorangegangenem Trockenabbau „Rekultivierung" zur landwirtschaftlichen oder forstwirtschaftlichen Nutzung
5. Freizeit- und Erholung insbesondere für wasserbezogene Aktivitäten wie Baden, Camping, Angeln, Fischzucht
6. Anstelle der abgerissenen Kieswerkanlagen und deren zum Teil großräumigen Nebengebäuden entstehen durch enormen Primärenergieaufwand und weiteren Landschaftsverbrauch:
landschaftsarchitektonisch starre, seriell gefertigte Gaststätten mit Seeblick und Bierterrasse, Sport- und Clubrestaurants, WC-Anlagen, Verkaufskioske, Volksfesttribünen, Golf-, Tennis-, Hand- und Fußballanlagen
7. Bei vorangegangenem Trockenabbau vorübergehende Nutzung als Deponie, Moto-Cross-Pisten oder Schießstandanlagen

Living space gravel pit

Conflicts of interests with reference to the Federal Republic of Germany
Uses of the hitherto disused gravel pit
Under the slogan "disfiguring of the landscape by functional buildings" the demolition of gravel plants as required by law is carried out. Generally the following uses of gravel pits following the end of the excavation and the ordered dismantling of the plants for example are:

1. Vital sanctuaries for rare species of plants and animals, lay out of biotopes, established nature preserves, protected areas for the survival of species not finding any space in our cultural landscape
2. Excursion areas to teach natural history
3. Out door laboratories for scientific research
4. In cases of former dry excavation recultivation is applied to allow the site to be used as farmland or woodland
5. Recreation and leisure, especially bathing, camping, fishing, fish farming
6. Where the gravel plants and their sometimes large annex-buildings had been sited the following is being built by an enormous primary energy consumption and further use of landscape: prefab restaurants, which provide a view over the lake and have beergardens, sports- and other club facilities, toilets, kiosks, platforms and stands for public festivals, golf-, tennis-, handball and soccer grounds
7. In cases of former dry excavation, temporary use as waste pit, moto-cross circuit, or shooting-ground

Elementen-Vokabular: Kieswerk

Kieswerke sind auf befristete Zeit angelegte, flexibel konstruierte Förder- und Aufbereitungsarchitekturen zum Abbau von Sand- und Kieslagerstätten. Die räumlich und zeitlich bedingten Arbeitsabläufe der eng miteinander in Verbindung stehenden Maschinenarchitekturen bestimmen Inhalt und Lage der Kieswerkarchitektur und -landschaft. Vereinzelt sind den Kieswerken weiterverarbeitende Betriebe wie Mischanlagen für Transportbeton oder Bitukies, Beton- und Fertigteilwerke oder Recyclinganlagen von Steine und Erden angegliedert.

Kieswerkelemente:
1. Tagebaubetrieb
   Schwimm-, Saug-, Druckluft-, Eimerketten-, Wurfkübel-, Hydraulik-, Front- und Löffelbagger, Elevatoren, Frontlader
2. Aufbereitung
   Hochsiloanlagen mit oder ohne verkleidete Galerieaufbauten, Brech-, Mahl-, Klassier-, Sieb- und Waschanlagen, Vorratssilos sowie zahlreiche Werkhallen und Nebengebäude. Außerdem Waaghäuser mit LKW-Waage zum Wiegen des Materials und Installationen der Meß- und Ablesevorrichtung. Der Wiegeanlage schließen sich mehrere Büro- und Verwaltungsräume an. Zu den Sozialeinrichtungen für die Belegschaft zählen die Toiletten-, Dusch- und Waschräume, Umkleide- und diverse Aufenthaltsräume.

Vocabulary of elements: gravel plant

Gravel plants are temporary flexible conveying- and dressing structures to exploit sand- and gravel deposits. The implied space and time factors of the work process of the tightly connected architectures of the machine determine content and location of the gravel plant architecture and -landscape. In some cases there are processing industries attached to the gravel plants like concrete batching plants or mixing units for asphaltic sand, concrete- and prefab-plants or recycling facilities for stones and soil.

Elements of the gravel plant.
1. Strip mining
   Floating dredging-machine, sand-pump dredger, multi-bucket ladder dredge, pneumatic conveyor, hydraulic drèdger, shovel, bulldozer, dredger with buckets, barges, elevator belts, screw conveyors, elevators, loading shovels.
2. Processing
   Silos on stilts with or without covered galleries, crushing-, grinding-, screening-, separating- and washing facilities, storage silos as well als numerous workshops and annex-buildings.
   Also weigh-houses with weighbridges and installations for measurement. Adjoining the weigh-house are several office- and administration rooms. The facilities for the workforce are toilets, shower- and washing rooms, locker rooms and various common rooms.

Die Ausdehnung der Sinnesorgane

The expansion of the senses

„Zu zeigen ist, daß es nicht stimmt, daß es ‚gute' und ‚schlechte' Formen gibt, und daß das, was für viele das ‚GUTE' ausmacht, für andere noch lange nicht das ‚GUTE' ist."
François Burckhardt

"It is to be shown, that it is not true, that there are 'good' and 'bad' shapes, and what for many people constitutes the 'good', it does not for others."
Francois Burckhardt

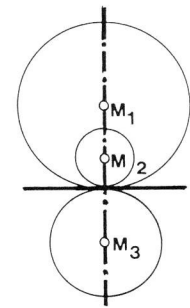

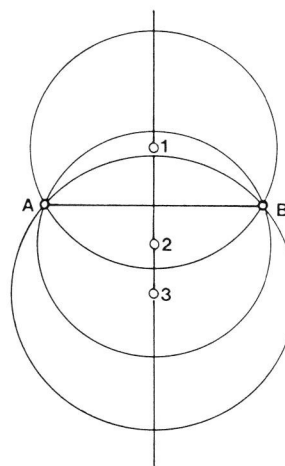

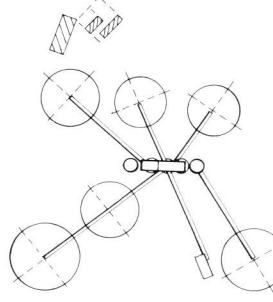

Der Hegelsche Satz: „Selbst sei das Sein im Anderen als Anderer" verdeutlicht die territorialen Pulsationen einer zum Maschinenkörper erstarrten Konsumenten-Indolenz, zeigt den Affen, der mit einem Stab eine in einem ferneren Territorium gelegene Banane herbeiholen will; immer wieder, immer mehr, ständig. Nach Peter Weibel[1] ist die Technologie immer dem Territorialen entgegengesetzt: die Sinnesorgane interpretieren die Natur, ein Produkt dieser Interpretation sind die Werkzeuge, Maschinen, Körper, Städte, Staaten, Nationalstaaten ... und als letztes logisches Glied in dieser Kette der Sinnesextensionen wird der Computer der dritten Industrierevolution (die Computerisierung der Technologien und nach Hobbes auch des „sozialen Körpers") als Exterritorialisierung des Gehirns bezeichnet. In diese von Weibel bildhaft bezeichnete „molekularbiologische Beschleunigung der exterritorialisierten menschlichen Gehirnrevolution", mischt sich der Widerspruch von Leben und Alltäglichkeit, – hochentwickelter Produktionstechnologie und unterentwickelter Abfallvermeidungs- und -verwertungstechnologie. Oder: der extensive Schwachsinn der anthropozentrischen Bewegung des Funktionalismus zerstört dessen eigenen Motor, das Naturwesen Mensch und die Bewegung selbst wird als Bewegung im Rück- und Vorausblick betrachtet, zur exzentrischsten Bewegung der Natur selbst: „Diese, modellhaft sich gebär(d)end in den spontanen Vegetationsentwicklungen über gleichförmige Siedlungs- und Abfallwüsten hinweg, stürzt über ihr eigenes Zentrum in sich zusammen und so zu sich zurück."[2]
Implodiert, wie ein zerbrechlicher Hohlkörper durch äußeren Überdruck. Im geometrischen Sinne stellt dies die Umkehrung der Kreisfigur eines geschlossenen Material- und Stoffkreislaufes dar, einer Kreisfigur, die auf ihren kleinsten Punkt hin rotiert; im physikalischen Sinne das punktförmige Erregerzentrum ausgehender Material- und Stoffwellen.
Und diese punktförmigen Rohstofferreger sind die weißen Flecken auf der Landkarte, dort, wo der Tief- und Hochbauingenieur mit dem „Ende" beginnt, wo sich „das Innen der Dinge durch die künftige Auslöschung zu einer gleitenden Ambivalenz" depotenziert, in deren Strukturverlauf die Dingwelt ihre Kontur chamäleonhaft wechselt und zwar dort, wo die zahlreichen unverdauten Verdauungsanlagen kleinmaßstäblicher Ruderalbiotope, stillgelegter Kieswerke, stehen:
– scheinbar völlig ungeeignet, weil zu klein im Vergleich zu stillgelegten (großflächig kontaminierten) Großstahlwerken
– auf den ersten Blick unrentabel für die Revitalisierungsabsichten investmentbewußter Vergnügungspark-Ingenieure und Wundertüten-Designer;

The Hegelian phrase "Being should see itself as an other in the other" points to the territorial pulsations of an automation immersed in consumer passivity. It reminds us of the ape who endlessly tries with a stick to reach for a banana lying in a distant place.
According to Peter Weibel[1] technology is always the opposite to territoriality. The senses interpret nature; one result of this interpretation is tools, machines, bodies, cities, states, nation states. And as the final and logical link of this chain of the expansion of the senses the computer of the third industrial revolution (the computerization of technologies and according to Hobbes of the "social body" as well) is said to be the de-territorising of the brain. In what Weibel vividly calls "molecularbiological acceleration of the de-territorised revolutions of the human brain" is contained the contradiction of life and daily events, i.e. the contrast of highly developed technology of production and underdeveloped technologies to avoid and make use of waste. Or: the extensive idiocy of functionalism's anthropocentric movement destroys its own motor, the natural being man and the movement itself retrospectively and perspectively becomes the eccentric movement of nature as such. "This, creating and serving as a model for the spontaneous development of vegetation which envelopes settlements- and rubbish dump deserts, collapses into its own center and thereby returns to itself."[2] It implodes like a fragile hollow body does. From the perspective of geometry it is the opposite of a circular figure revolving to its smallest point. From a perspective of physics it is the central point from which the waves of material substances extend.
And these substances are the white spots on the map, where the civil and building construction engineer begins with the "end", where "the inner life of things is destroyed by the future transition to a gliding ambivalence", in the structural course of which the material world changes its contour like a chameleon.
In fact, it is happening where the numerous undigested digestion sites of the small scale Rüberalb-biotopes, the closed-down gravel plants are found:
– they seem totally unsuitable, because they are too small compared to closed-down big (badly contaminated) steelworks conscious holiday park engineers and surprise packet designers willing to revitalize the area
– they are of no interests to industrial archeologists, faceless and unfit to demonstrate industrial and social history. Even the dismanteling as required by law under the slogan "disfiguring of the landscape by functional buildings" usually is too expansive. The plants are usually only dismantled when the landscape and nature conversationists develop plans to recultivate and restore the site to its natural state and thereby require "vacant space" in this waste land.

– indifferent und zeitlos für Industriearchäologen, bezugs- und gesichtslos zur Demonstration von Industrie- und Sozialgeschichte. Selbst der unter dem Motto „Beeinträchtigung des Landschaftsbildes durch funktionsgeprägte Bauwerke" gesetzlich verordnete Abriß ist oftmals zu teuer. Die Anlagen werden meist dann demontiert, wenn die von Landschafts- und Naturschützern respektvoll ausgearbeiteten Rekultivierungs- und Renaturierungsmaßnahmen „Freiräume" in diesen Branchen verlangen.

Schnitt

Die Metapher der angeblich nicht integrierbaren Gewerbe- und Industriebrachen[3], deren Indifferenz zum realen Raum allgemein akzeptierter und materialisierter Siedlungs- und Verkehrsflächen, macht diesen Ort zu einem fiktiven, dessen Bedeutung sich aus dem realen Raum des Gemeinwesens ableitet.

Real-Ort- und Real-Zeit-System projizieren dagegen das „Wüsten-Biotop-Kieswerk-Grube" dergestalt auf den Ort und die Zeit, daß seine Erscheinungsweise die Optik des Gemeinwesens zu stören droht und deshalb beseitigt und verdrängt werden muß.

Diese kleine Sonderwelt wird von den Informationssatelliten überhaupt nicht wahrgenommen – der Wahrnehmungsmodus und das Formeninventar dieser Schwebekörper greift von außen vernichtend an, nicht von innen, weil das Innen dieser Dingwelt, das Fremde im Eigenen, das Selbstverursachte, gewissermaßen die eigene „Indolenz", das eigene Konsumverhalten versinnbildlicht.[4] Die Neudeutung dieses materiellen Phänomens braucht die Methode der Implosion, als Index einer Bewegung, für die Einschreibung, für einen Entwurf, einen Überlagerungsplan, eine Ausführung in ein bis dahin unantastbares ikonisches Zeichen.

Die „Implosion" als Arbeitsbegriff, im Gegensatz zur Explosion der Sinne von nach innen greifenden Raumentwürfen verweist hier auf eine raumzeitliche Geometrie, aus der ein architektonischer Plan auf skulpturalem Wege entsteht: er verweist auf Möglichkeiten, die mit einem Ort verbundenen Erinnerungen durch Umkehrung zu dynamisieren: Geschichte nach vorne zu denken und sie nicht zu verdrängen.

Cut

By the metaphor of the supposedly derelict commercial and industrial buildings[3] irrelevant to the real world generally accepted and built up areas and traffic zones, this place whose relevance depends on the real world becomes unreal.

The real space- and real time-system projects the "desert-biotope-gravel plant-gravel pit" into space and time in such a manner, that its appearance threatens to disturb the aesthetical balance of the community and has therefore to be destroyed and put aside.

This small special world is not seen from the information satellites at all – the mode of perception and the inventory of forms of these gliding bodies destructively attack from the outside, not from within, because the inside of this world of things, the other in the self, that what is arising through one's own fault, so to speak symbolizes "indolence", the consumer behaviour[4]. The reinterpretations of this material phenomenon requires the method of implosion as an index of a movement, for a design, an overlay, a building construction in a hitherto untouchable iconic sign. The implosion as a model of work unlike the explosion in the sense of space design reaching for the inside refers to the geometry of space and time, by which an architectural design comes into existence in a sculptural way: it refers to the possibilities created by exploding memories attached to this place by conversation, to anticipate and not to dismiss history.

1 Peter Weibel. In: Philosophien der neuen Technologie, Ars Electronica (Hrsg.), Merve Verlag, Berlin 1989.
2 Thomas Spiegelhalter. In: Komplexbrigade, Armonies Verlag, Berlin 1988.
3 According to the Federal Building Law gravel, plants as fixed sites are among the privileged exterior building projects. When planning their location and design, it is required that they fit in well with the general aspect of the landscape.
4 In contrast to the series-produced large-scale estates gravel plants at gravel pits are usually classified as alien to landscape and settlement, although the average consumption of gravel sand during the life-time of a citizen of the Federal Republic of Germany is said to be 450 tonnes. This means that the consumption in the FRG during approximately 70 years is more than 20 000 000 000 tonnes.

1 Peter Weibel. In: Philosophien der neuen Technologie, Ars Electronica (Hrsg.), Merve Verlag, Berlin 1989.
2 Thomas Spiegelhalter. In: Komplexbrigade, Armonies Verlag, Berlin 1988.
3 Das Bundesbaugesetz zählt Kieswerke als standortgebundene Gewerbegebiete zu den privilegierten Bauvorhaben im Außenbereich. Bei der Standortwahl im Außenbereich und bei ihrer Gestaltung soll darauf geachtet werden, daß sie sich in das Landschaftsbild einfügen.
4 Kieswerkanlagen an Baggerseen werden gewöhnlich, ganz im Gegensatz zu seriell produzierten Massenwohnungsbauten, als landschafts- und siedlungsfremd eingestuft, obwohl der Durchschnittsverbrauch von Kiessand während einer Lebensperiode eines BRD-Bürgers mit ca. 450 Tonnen beziffert wird. Hieraus ergibt sich in der Bundesrepublik im Zeitraum von ca. 70 Jahren ein Verbrauch von über 20 000 000 000 Tonnen.

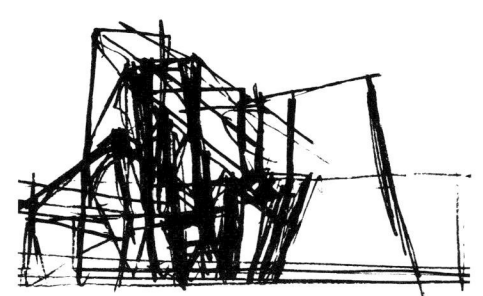

Situationsbeschreibung Kiesgrube

Noch stehen in vielen aufgelassenen Kiesgruben unterschiedliche stillgelegte Hochsiloanlagen mit Stahlaufbauten. An jedem dieser Orte stehen Neben- und Produktionsgebäude leer, deren Abriß planrechtlich beschlossen und somit nur noch eine Frage der Zeit ist.

Aus stillgelegten Kieswerken nutz- und bewohnbare „Gebäudeskulpturen" zu entwerfen, bedeutet, Ideen zu entwickeln, die auf die vorgegebenen natur- und maschinenräumlichen Strukturen zugeschnitten sind, die diese respektieren, ihre stärksten Eigenschaften belassen, hervorbringen und ergänzen. Die bauliche Qualität dieser maschinenarchitektonischen Gebäudegattung birgt – zumal es ein prototypisches Kieswerk nicht gibt – (jedes Kieswerk, jede Kiesgrube ist in der Fläche, Tiefe, Form und Exposition anders beschaffen) ein Potential an Umnutzungs- und Überlagerungsmöglichkeiten, das bisher noch nicht erkannt worden ist.

Will man im Zeitalter zu Ende gehender Ressourcen die noch wenigen intakten Reste der älteren Kulturlandschaft belassen, sollten nur die Standorte aufgesucht werden, die bereits Eingriffe und Zerstörungsmerkmale aufweisen. Nach bioklimatisch-rücksichtsvollen Prinzipien besiedelt, können solche Bereiche – im Zeitraffer betrachtet – „Belebungsprozesse" darstellen, die sich sonst auf natürliche Weise, in natürlichen Sukzessionen vollziehen, aber geraume Zeit länger dauern würden.

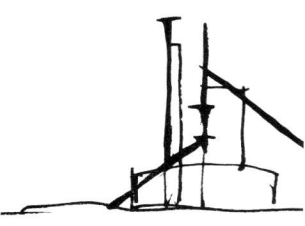

Mikroaufbruch

Die Absicht, aus geeigneten Kieswerkanlagen durch Um- und Ausbaumaßnahmen belebte, hinter „Vegetationsschutz" befindliche Enklaven aktiver Selbstversorgerkompartimente zu entwickeln, ermöglicht eine behutsame Einbettung in eine künstlich geschaffene Landschaft mit vielfältig gestalteten Biotopen und Architekturen, deren (Nutz-)Gärten nahtlos in die sich selbst überlassenen, nicht-manipulierten „Wildbereiche" übergehen.

Dem Problem der räumlichen Trennung aus Naturschutzgründen wird durch eine typologische Abstufung von der „harten" Kieswerkskulptur zur „weichen" Naturseite entsprochen.

Nur die Solarskulpturen und -Systeme, die auf den Hochsiloanlagen angebrachten Windtürme, Klimakontrollgeräte, die hochgestelzten Empfangs-, Sende-, Kommunikations- und Energieumwandlungsstationen, die Gewächshäuser der Wohn- und Arbeitslabore durchbrechen wie extraterrestrische Körper die Kiesgrubenvegetation.

Metallen oder gläsern, heiter und lichtdurchflutet, skulptural-biomorph, bodenflüchtend, fast schwebend werden die ausgedienten Maschinenarchitekturen in ein tektonisch und sozial orientiertes Netzwerk von Übergangsarchitekturen verschweißt.

At many abandonded gravel pits there are still various disused tower silos with a steel superstructure. At each of these sites there are abandonded annex- and production buildings. It is only a question of time till they are demolished, because the demolition is a legally required matter.

To design "building sculptures" out of disused gravel plants means to consider ideas, which refer to the given spatial texture of nature and machines, respecting it, bringing it forth and completing it.

The quality of the architecture of the machine, by which this type of building is characterized, has an inherent potential for alterations and superposition, which hitherto had not been perceived (there is no prototypical gravel plant; the gravel plants' and gravel pits' surface, depth, form and appearance differ from one another).

At the close of the era of declining resources in order to leave the few remaining parts of landscape, which are still intact, unchanged, only a site should be chosen, which already shows signs of interference and destruction. By selecting these areas according to bio-climatic and considerate principles they could promote more rapid "processes of revitalization", which in the natural way would take much longer.

Micro-setting

The intention of transforming and extending suitable gravel plants into enclaves of lively active self-supporting units screened by vegetation permits a sensitive insertion into an artificially created landscape. There will be found biotopes and architectures of various designs with gardens gradually being returned their "wilderness". The problem of spatial separation for reasons of nature protection is solved by a typological gradation from the "hard" gravel plant-sculpture to the soft "nature".

Only the solar sculptures and -systems, the wind power towers attached to the silos on stilts, climate control equipment, the receiving-, transmitting-, communication- and conversion of energy-installations on stilts, the greenhouses of the laboratories, where people live and work, stand out against the vegetation of the gravel pits like extraterrestrial bodies.

Metallic or of glass, bright and luminous, sculptural-biomorphous, effortlessly stretching towards the sky, nearly hovering, the abandonded architectures of the machine are welded together to a tectonic and socially orientated network of transitional architectures.

The baffling slant of the silos on stilts which touch the ground with their fine points only, creates the impression of a reversal of classical statics.

This negation of gravity is also shown by the dredges and barges, which usually float in the gravel pit. A gravel pit situated in a favourable position may enjoy the climatic advantage, whereby floating dredges can become "swimming sculptures" to live in: either as pile dwellings or as dredges altered by extension, which may follow the sun's path to passively use energy.

The primary system of the network of the architectures of transition is small-scaled rather than mega-structured or being a "super sculpture" for tourists' needs. The small scale of micro-processes, the architectonic-

Die rätselhaft anmutende Neigung der den Boden nur auf „Spitzen" berührenden Hochsiloanlagen, ihre optisch bodenflüchtende Tendenz, vermittelt den Eindruck einer Umkehrung der klassischen Statik.

Diese Negierung der Erdschwere zeigen neben den Hochsiloanlagen auch die gewöhnlich im Baggersee schwimmenden Tiefgreifer und Schuten. An die klimatischen Vorteile einer in jeweils günstiger Himmelsrichtung ausgelegten Baggerseeanlage anknüpfend, lassen sich aus „Schwimmgreifern" bewohnbare „Schwimmskulpturen" entwickeln. Ausgebildet als Pfahlbauten oder auf schwimmenden ausgebauten Tiefgreifern, die so der Sonnenumlaufbahn zur passiven Energienutzung nachgeführt werden können.

Das Primärsystem des Netzwerks der Übergangsarchitekturen besteht aus Kleinformen, nicht aus Megastrukturen und nicht aus touristisch-strukturierten „Superplastiken". Die Kleinmaßstäblichkeit der Mikroprozesse, das architektonisch-skulpturale Binnenklima ist gefragt, d.h. das, was im unmittelbaren Erfahrungs- und Handlungsbereich potentieller Benutzer und Bewohner stattfinden kann.

In der Um- und Ausbauperspektive entsteht eine räumlich-partizipatorische Präferenz für mehrfachcodierbare Werk- und Benutzerbereiche, in denen verschiedene „Sprachen" in einer Artenvielfalt sich ergänzen oder etwas „anderes" hervorbringen.

Praktisches Beispiel unter vielen denkbaren: Entstehung von Experimentierfeldern für Umwelttechnologien, die vor Ort durch Ingenieure, Künstler, Handwerker, Experten aus Wissenschaft und Forschung gleichzeitig entwickelt, getestet und umgesetzt werden.

So wie die Forschungsarbeit der Wissenschaftler und Künstler prozeßhaft, unabgeschlossen und vorläufig ist, so erscheinen die verdichteten Gebäudeskulpturen provisorisch, fragmentarisch, immer nur eine Entwurfsarbeit dokumentierend. Insofern sind die Kieswerkskulpturen für das Neue, das in ihnen geschieht, frei geformte Architekturen, vergleichbar dem Entstehungsprozeß einer Skulptur.

Der solchermaßen intermediale Raum wird nicht als erstarrte Zeit wahrgenommen, sondern als etwas zur Zeit hin „Geöffnetes" und zwar durch die Formgebung als „Zeitskulptur im Zeitverlauf". Es vollzieht sich ein Verdauungs- und Umwandlungsprozeß. Das Innere wird, nach der Besetzung und Veränderung des Stillgelegten, wieder nach außen projiziert.

sculptural climate is in demand, i.e. that, which can happen in the potential users and inhabitant' immediate range of experience and action.

In the process of alteration and extension a spatial/participatory preference for multi-purpose working and living areas emerges, in which different "languages" complement each other in a richness of species, or produce something "different".

To give just one example of many possibilities: the emergence of experimental areas as testing grounds for environmental technologies, which in this place can be simultaneously developed, tested and brought into use at the same time by engineers, artists, craftsmen, scientists and research experts.

Just as the research done by scientists and artists is a process, unfinished and provisional, the building sculptures appear to be provisional, fragmentary and unfinished. By breaking fresh ground the gravel plant sculptures are freely designed architectures. Their origination can be compared to that of a sculpture.

This fluid space is not perceived as rigid time but as something "open" to time by forming as a "time sculpture in the course of time". A process of digestion and transformation will occur. After the occupation and alteration of the disused plant the inside is projected to the outside again.

Architektur in der Kiesgrube

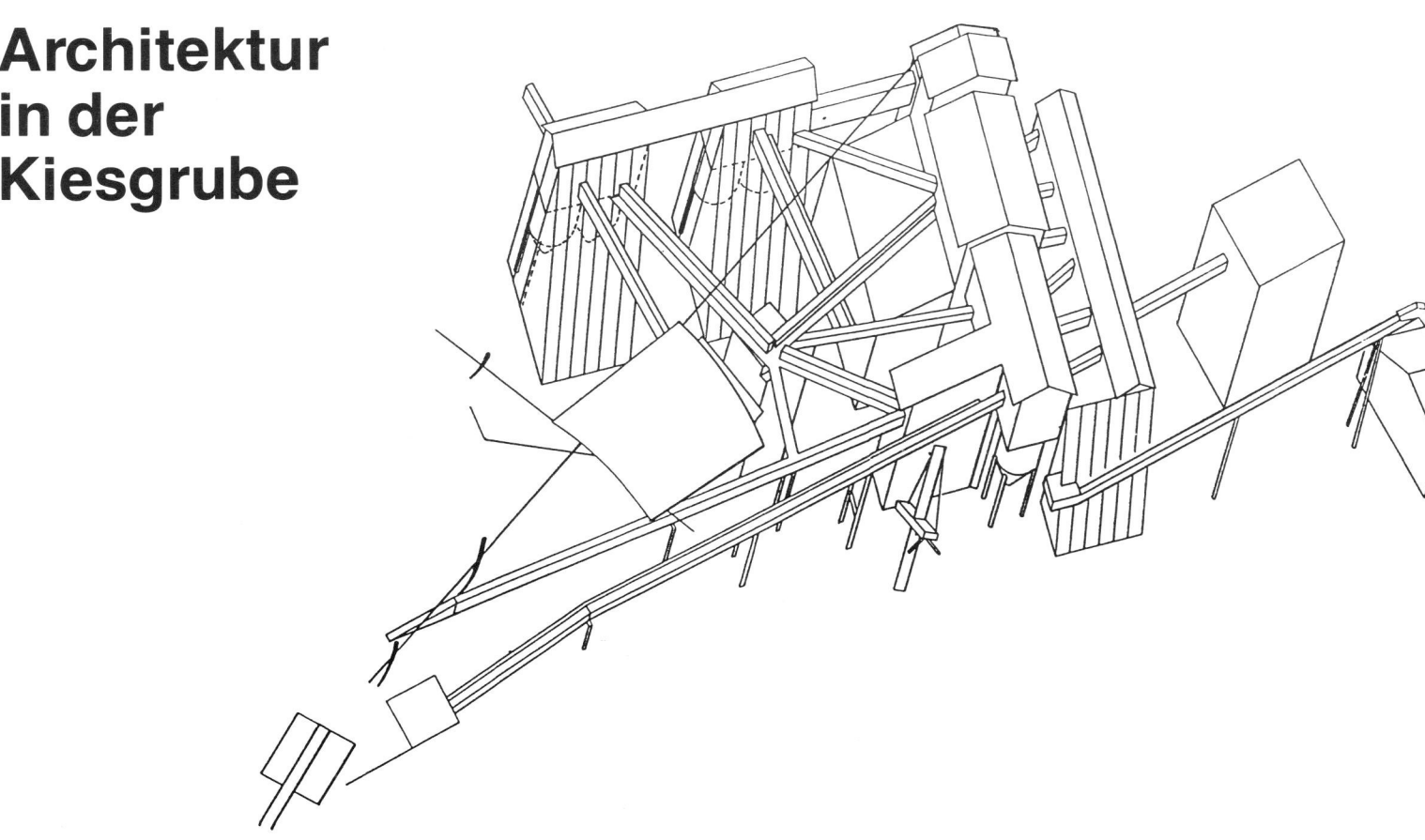

Isometrie der Gesamtanlage mit Solar-Glasanbauten, 1989
Lage: Südlicher Oberrhein an der franz. Staatsgrenze. Leitidee, Entwurfs- und Planungsabläufe „endogener" Folgenutzungen: Leben, Wohnen, Arbeiten, Experimentieren, Forschen und Entwickeln. Nach erfolgter Betriebsstillegung schrittweise Veränderung, Umbau, „Überlagerung", Weiterentwicklung und Ergänzung.

Die Entwicklung der neuen Nutzungsstruktur wird aus dem Gesamtkomplex der stillgelegten Kieswerke herausgearbeitet. Die sonst demontierte und mit hohem Energieaufwand wegtransportierte Bausubstanz wird „ideenrecycelt" und von ihrer Charakteristika angezogenen und identifizierten Existenzen (Pflanzen, Tiere, Menschen) übergeben. Sukzessiv bewegte oder statische Formen, Konstruktionen, kieswerktypische Durchdringungsebenen und -strukturen werden konsequent aus der vorhandenen und veränderbaren Baukörpersituation und Topografie, zu Land und zu Wasser, weiterentwickelt. Eingesetzte Solarenergieanlagen, Solarlamellen, Windgeneratoren, Wasserstoffaufbereitungsanlagen und gebäudebezogene Energiezentralen in den aufgesteltzten Hochsilobatterien „nabeln" diese kulturorientierte Gewerbe-, Wohn- und Forschungsarchitektur emissionsfrei von jedem Kraftwerk ab. Die Lebensweise wird durch die weitgehende Einbindung in die Brachflächen der „zweiten und dritten Natur" und durch die konsequente Eigenständigkeit in der Wasser- und Energieversorgung geprägt.

Gravel Pit Architecture

The new structure of utilization is developed out of the entire complex of the closed-down gravel plant. The old structure, normally dismantled and carted off at great expenditure of energy, is being "recycled" (by virtue of this new purpose) and handed over to plants, animals and human beings, which are attracted by its very characteristics. Mobile or static designs, constructions, penetrating levels and structures, which are typical for gravel plants are consistently developed further out of the existing but adaptable structure and topography of land or water. Solar energy equipment, solar segments, wind generators, hydrogen reprocessing plants and central energy supply for the individual buildings from silos on stilts allow this type of culturally valuable architecture, where people work, live and do research, to be self-reliant and non polluting. The mode of living is characterized by the wide adaptation to the waste land of "second and third nature" and by not having to rely on an external water and energy supply.

Vogelperspektive, Gesamtanlage im Modell

Gesamt-Südansicht der Anlage (Modell)

Blick auf den Knotenpunkt der Zugangsrampen, Verbindungsstege, Außentreppen, Galerien, An- und Aufbauten, Stellagen und Brücken

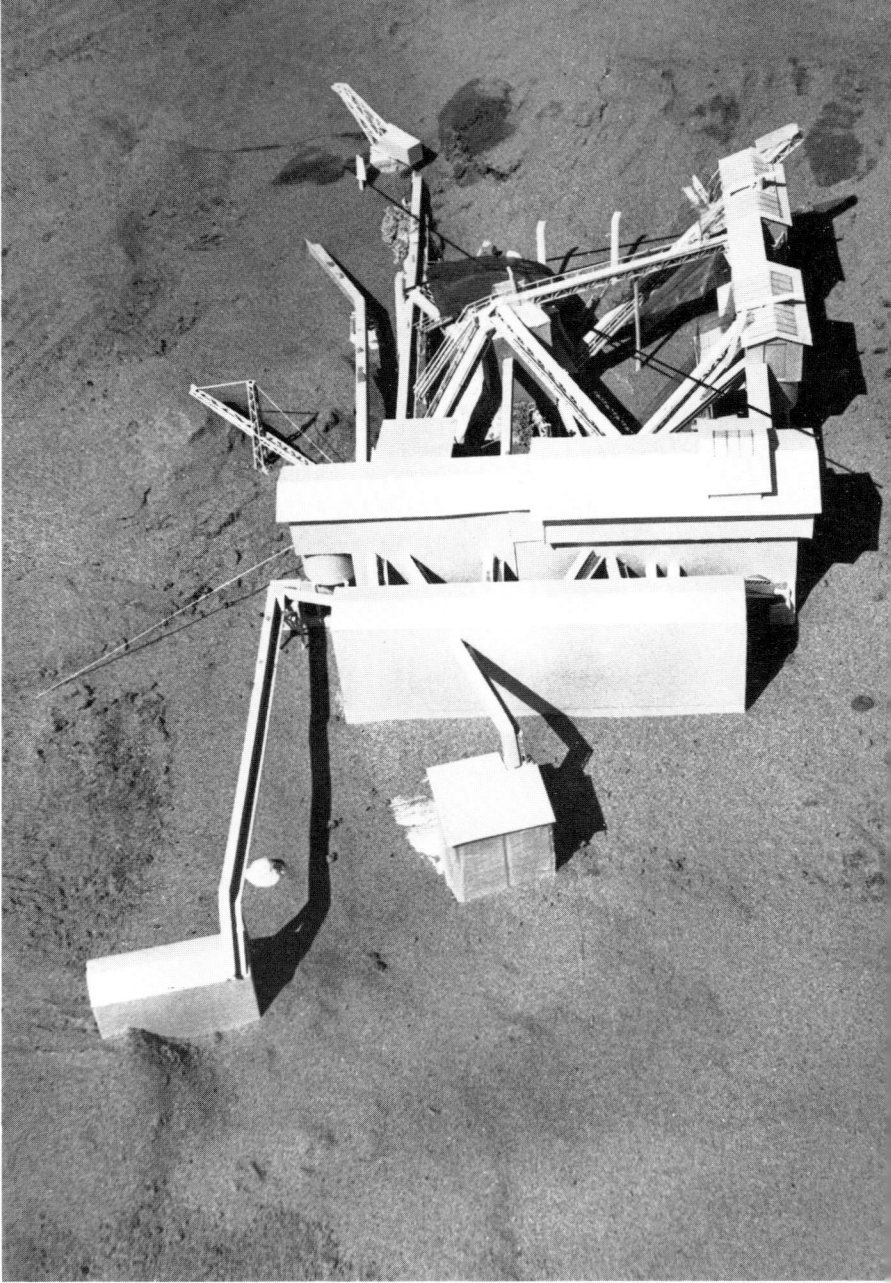

Blick auf das Forum (4, 5, 6) mit Schutzdach und Jet-Fragment

Vogelperspektive (Blick aus Osten)

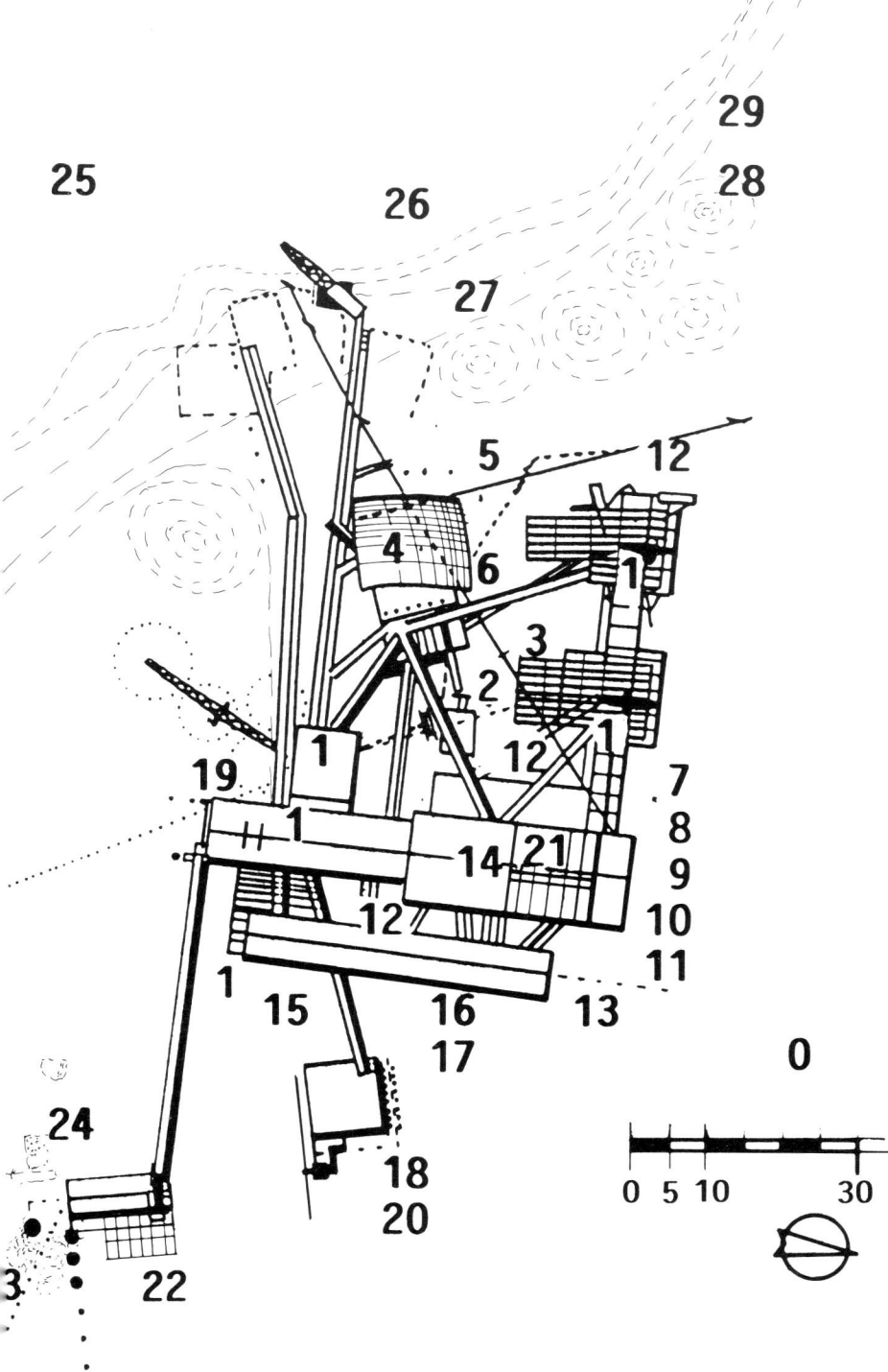

0 Zugangsbereiche, Erschließungswege
1 Wohnlabore (Umweltforschung, Architektur, Skulptur), Filmwerkstatt mit Projektionsterrassen
2 Mobile Projektionsleinwände
3 Montage- und Lichthof; 4 Seiltraktoren mit Zugseilen
4 Forum mit Orchesterschutzdach und Jet-Fragment, Sitzreihen in die Erde eingelassen
5 Bewegliche Tribünenrampe und Brücke
6 Klangprovisorien
7 Silos für Soundeffects und Rhythmik
8 Koch- und Speisesaal; Kompost-, Bioenergieanlage; Wasserfilterungs- und Aufbereitungsanlage
9 Windgeneratoren, Solarzellen, Photovoltaik, Mobile Solarskulpturen und -installationen, Energiezentrale
10 DRYPOWER-Gerätebatterien
11 WC, Bäder, Duschen, Lagerräume
12 Hängende Gärten, Sisternen, vorgelagerte Gewächshäuser
13 Temporäre Unterkünfte mit breiter Anbaurutsche
14 Wohn- und Arbeitslabore
15 Abwurfausleger mit Einziehflaschenzug
16 Kleintierhaltung
17 Stellagen
18 Schleiferei, Schlosserei, Dreherei (Kleingewerbe)
19 Konferenz- und Büroturmsilo
20 Werkhalle für dringende Sonderanfertigungen
21 Empfangs-, Sende- und Umwandlungsstation, Satellitenschüsseln, Radioteleskop
22 Gipserei, Gießerei, Bildhauerei mit Außenraumüberdachung
23 Müllcontainer, Recycling
24 Großer Schrottplatz mit Greifbagger, Elementenkatalog für Künstler und Handwerker; Abenteuerspielplatz, Spielskulpturen
25 Schuten mit Kurs auf Schwimmskulpturen im Baggersee
26 Über- und Unterwasserstation für Wissenschaftler; Auftauchstation für kleine U-Boote in der Wissenschaftsanwendung
27 Badebucht
28 Obst- und Feldanbau
29 Übergang zu den empfindlichen Landschaftsräumen „zweiter und dritter Natur": Zutrittsbeschränkung, ruderaler Pufferbereich — Artenreservoir

Lageplan der Gesamtanlage

Südwestansicht, Blick auf 1, 3, 4, 5, 7, 8 und 19

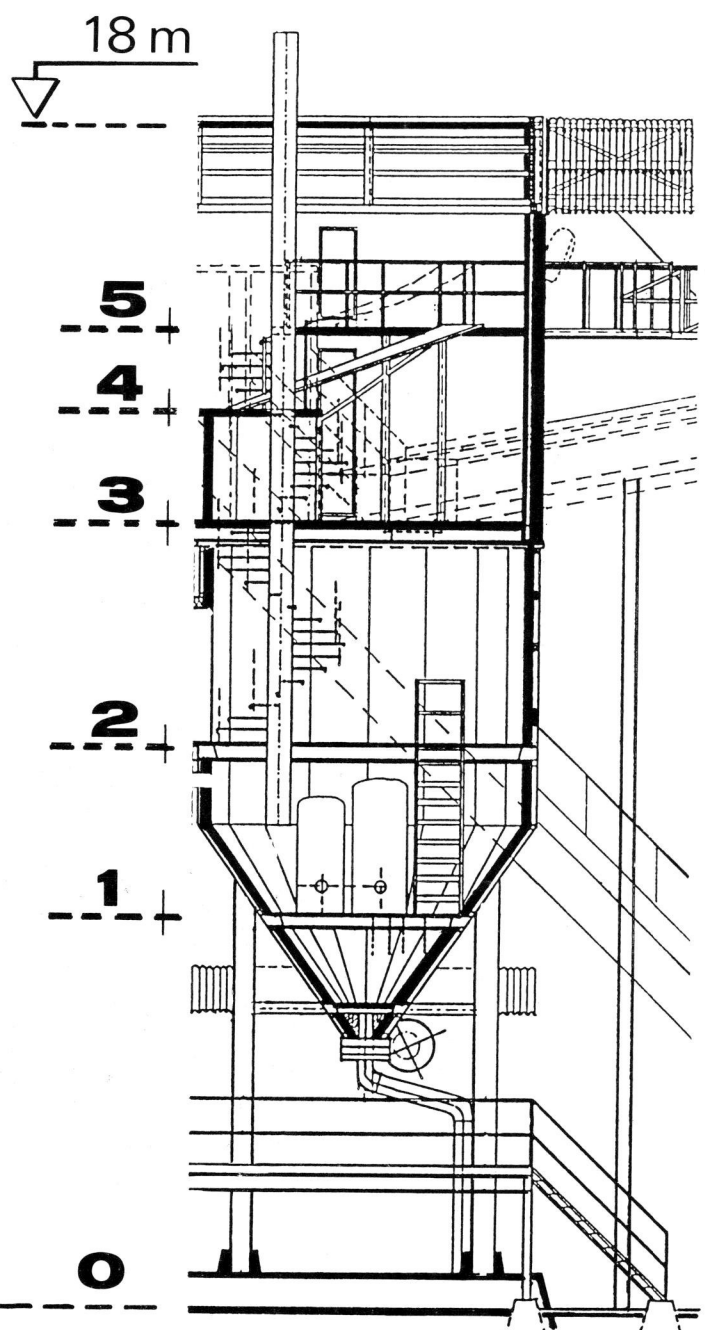

Hochsiloanlage, Schnitt (ausgebauter Zustand)

Ausbauvariationen

5., 4. und 3. Ebene

Raumskulpturen oder einfache „Alltagskubaturen" werden auf den Bühnentragstrukturen geeigneter Hochsiloanlagen zu Gebäuden montiert, die sowohl öffentlichen, halböffentlichen und privaten Zwecken dienen. Laufstege, Brücken, Rampen und mit Wind- und Sonnenenergie betriebene Elevatoren sind für den diagonal-vertikalen Zugang zum Silodeck und den darüber sitzenden Gebäudeteilen zuständig. In den Siloaufbauten aus Holz und Stahl findet Wohnen, Arbeiten, Forschen und Entwickeln statt. Ebenso in den ehemaligen, großräumigen Werkhallen, kleineren Verwaltungsräumen, Büros und Nebengebäuden.

2. u. 1. Ebene

In den zum Wohnen ungeeigneten Stahlblechsilos werden ausschließlich haustechnische Funktionsräume der Ver- und Entsorgung, Labore, Klang- und Rhythmikräume und sonstige Bedarfseinrichtungen untergebracht.

0 Ebene

Im Bereich unter dem Silokegelstumpf zu ebener Erde sind Stell- und Lagerflächen, Glasvor- und -anbauten, Terrassen- und Raumfachwerke, „Experimentierschuppen", Durchgänge und hängende oder auf Seilen verspannt schwebende Vegetationen möglich.

Kieswerksilo außer Betrieb,
ungenutzt – umgenutzt

Die 18 m hohe Siloanlage steht auf 8 Stahlrundstützen (Durchmesser 300 mm). Der über den verzinkten Stahlblechsilos sitzende Galerieaufbau aus Holz und Stahl bietet neben der Nutzfläche von 57 qm im unteren Stahlsilobereich eine Wohn- und Arbeitsfläche von 52 qm mit einer Ausbauhöhe von 5 m. Sein Inhalt beträgt ohne den ausgebauten Stahlsiloanteil 260 cbm. Die Wohn- und Nutzfläche dieser Teilanlage beträgt 102 qm und läßt sich bei einer konstruktiven Zusammenlegung von beispielsweise drei weiteren Hochsilobatterien problemlos auf 306 qm erweitern. Bei der Zusammenlegung weiterer 10 Silobatterien ergäbe sich eine Wohn- und Nutzfläche von 1000 qm. Werden die in Kieswerk und Baggerseeanlagen großräumigen Nebengebäude und Werkhallen dazugerechnet, so beliefe sich das Aus- und Umbaupotential vorhandener Wohn- und Nutzfläche auf weit über 1000 qm.

Technische Beschreibung
einfacher Details

Im Zylinderbereich der Hochsiloanlage (2 x 5 m Durchmesser) befindet sich eine durchgehende Etage (2. Ebene). Alle Stahlsiloetagen beherbergen Sanitärräume, Installationen und eine durch alle 5 Ebenen und Etagen angeordnete Verbindungstreppe, die raumsparend an einem ebenerdigen Abgasrohr befestigt ist.
Eine Ein- und Ausstiegsöffnung (Notausgang) befindet sich im Trichterbereich. Die unterste Decke der Siloetagen ist mit einer Spannweite von etwa 3 m als einfache Holzbalkendecke ausgeführt und direkt am Stahlblechtrichter mit Stahlformteilen befestigt. Zwischen den Balkenhölzern ist Dämmaterial verlegt und der Fußboden aufgebaut. Die obere Abschlußdecke zwischen Zylinderoberkante und Galerieaufbau (Wohn- u. Arbeitsbereich) ist im Überstand (Kreis-Rechteckfläche) mit einer 120 mm starken Dämmung geschützt und nach unten winddicht abgeschlossen. Der Wandaufbau der Zylinderetagen besteht von außen nach innen aus: Stahlblechmantel 8 mm; Stahlwinkel

(L 100 mm) am Stahlblechmantel angeschweißt; Luftschicht von 60 mm zwischen Stahlblechmantel und Innenwandkonstruktion; durch Außenöffnungen belüftet; dazwischen mineralische Dämmung; Innenverkleidungen.
Der in zwei Ebenen mit Hallencharakter gestaltete Galerieaufbau aus Holz und Stahl ist mit einer selbsttragenden Innenkonstruktion ausgeführt und wird mit einem Oberlicht und Anlagen zur Sonnenenergiegewinnung abgeschlossen. Mehrere Außengalerien, Terrassen, Laufstege, Podeste, Flaschenzüge und Hebeanlagen sind aus der Tragwerksstruktur entwickelt und lassen sich bei Bedarf konstruktiv und gestalterisch verändern und umgestalten.

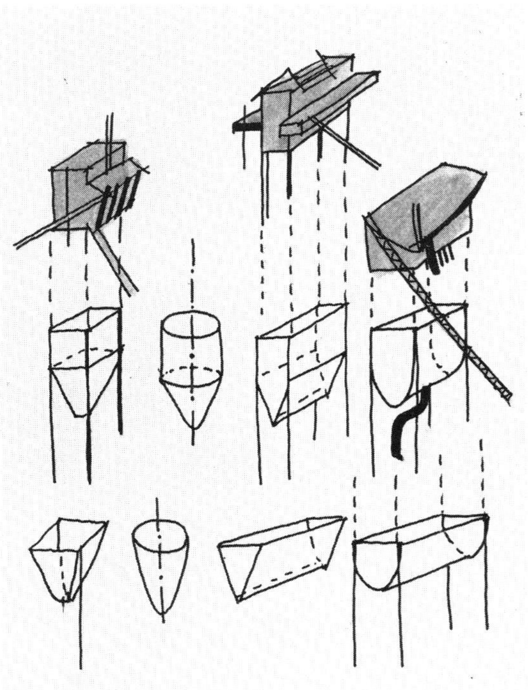

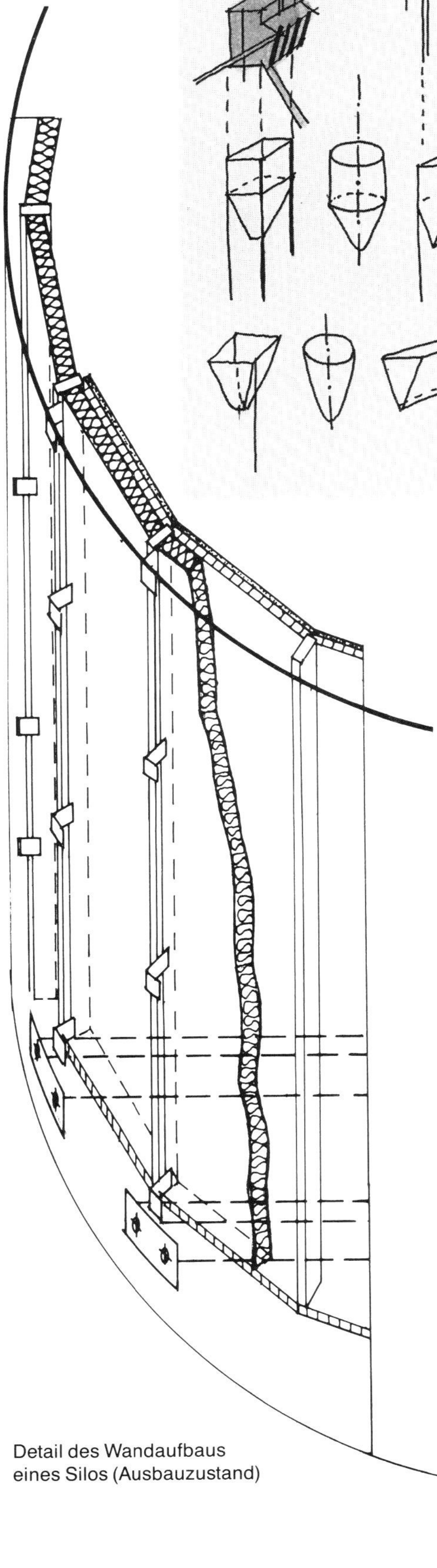

Beispiele von Siloformen mit zylindrischen Wänden:
a) einzellig
b) zweizellig
c) zweireihige Silobatterie

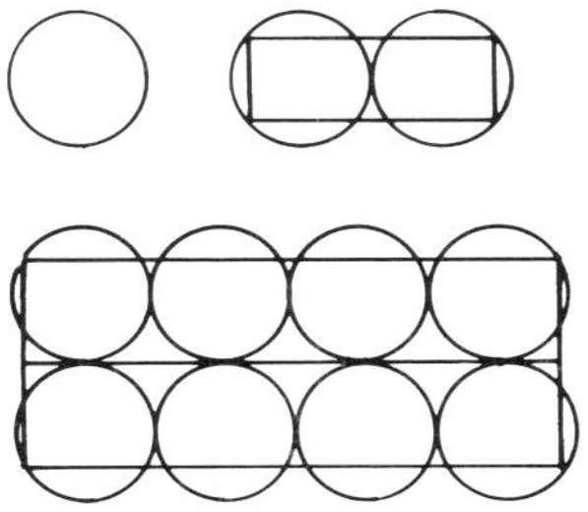

Detail des Wandaufbaus eines Silos (Ausbauzustand)

Bildreihe rechts:
Vorgefundener Zustand einer Hochsiloanlage

**Grundriß,
Schnitt,
Ansicht**

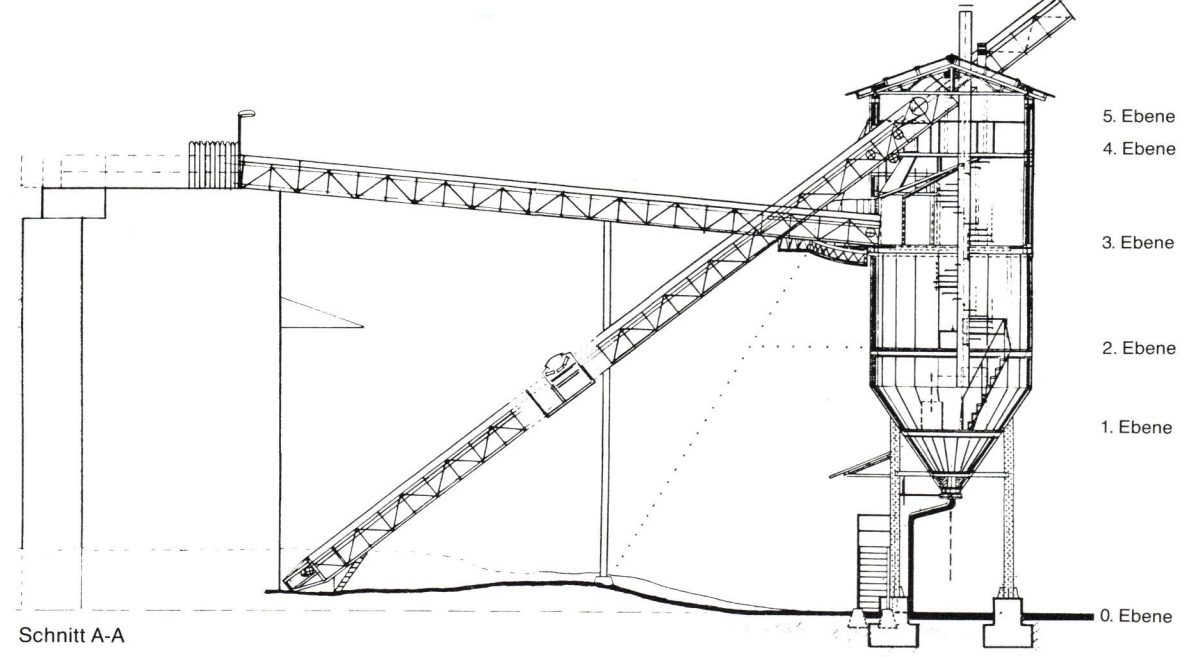

Schnitt A-A

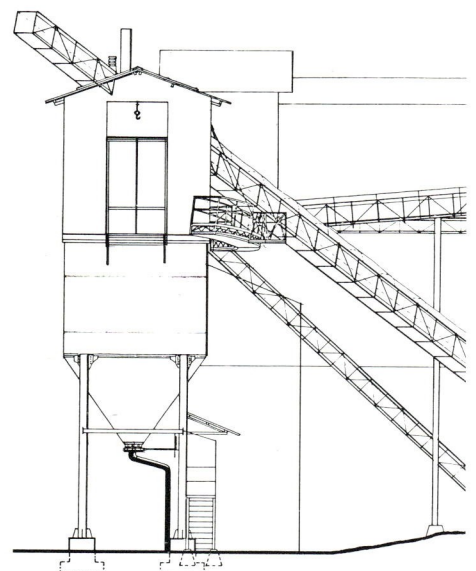

Nordansicht

Südansicht in ausgebautem Zustand (Modell)

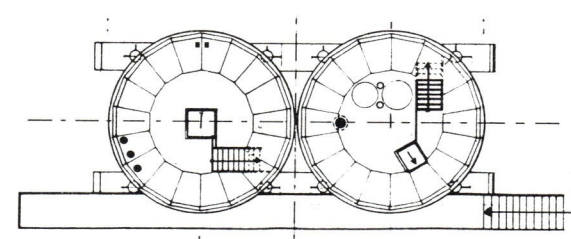

1. Ebene
links: Labor
rechts: Energiezentrale, Haustechnik, Notausstieg

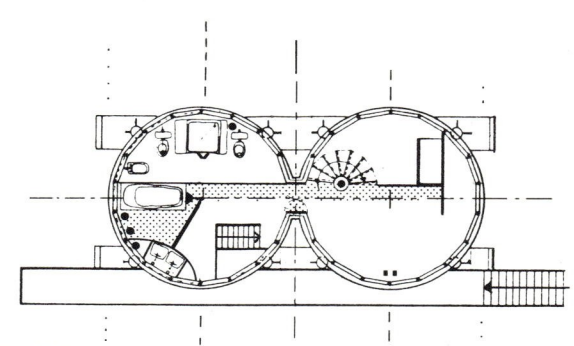

2. Ebene
links: Sanitärraum
rechts: Raum für besondere Verwendung

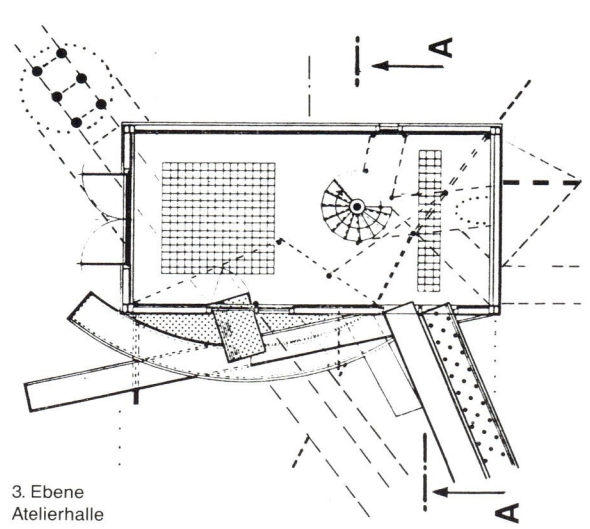

3. Ebene
Atelierhalle

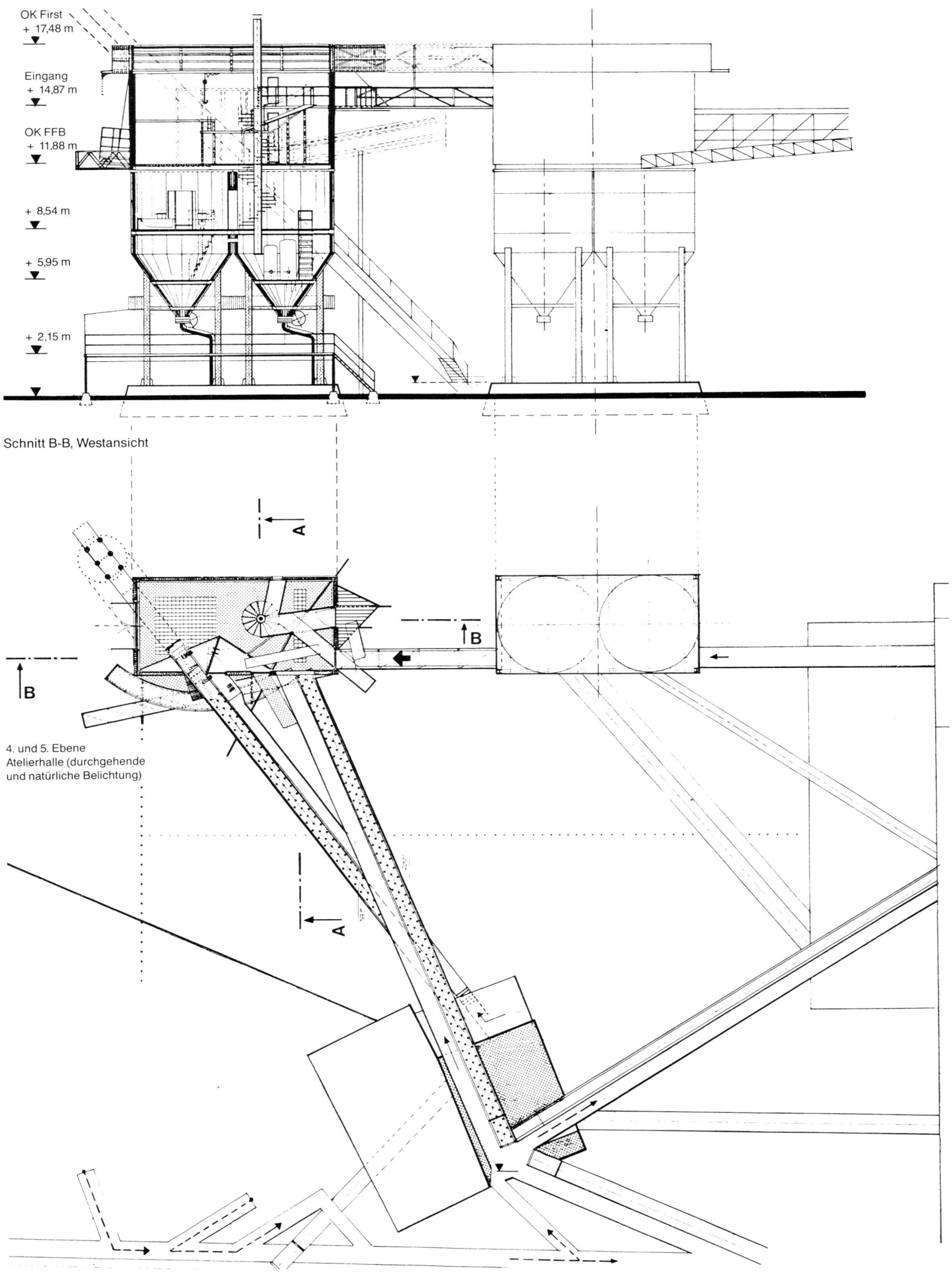

Schnitt B-B, Westansicht

4. und 5. Ebene
Atelierhalle (durchgehende
und natürliche Belichtung)

Architekturpartitur I, Entwurf, Kieswerk als Klang- und Resonanzkörper, 1987

Ateliersilo, Entwurfszeichnung, 1988

Blick auf den Knotenpunkt und die Solarskulpturen, Entwurfszeichnung 1988

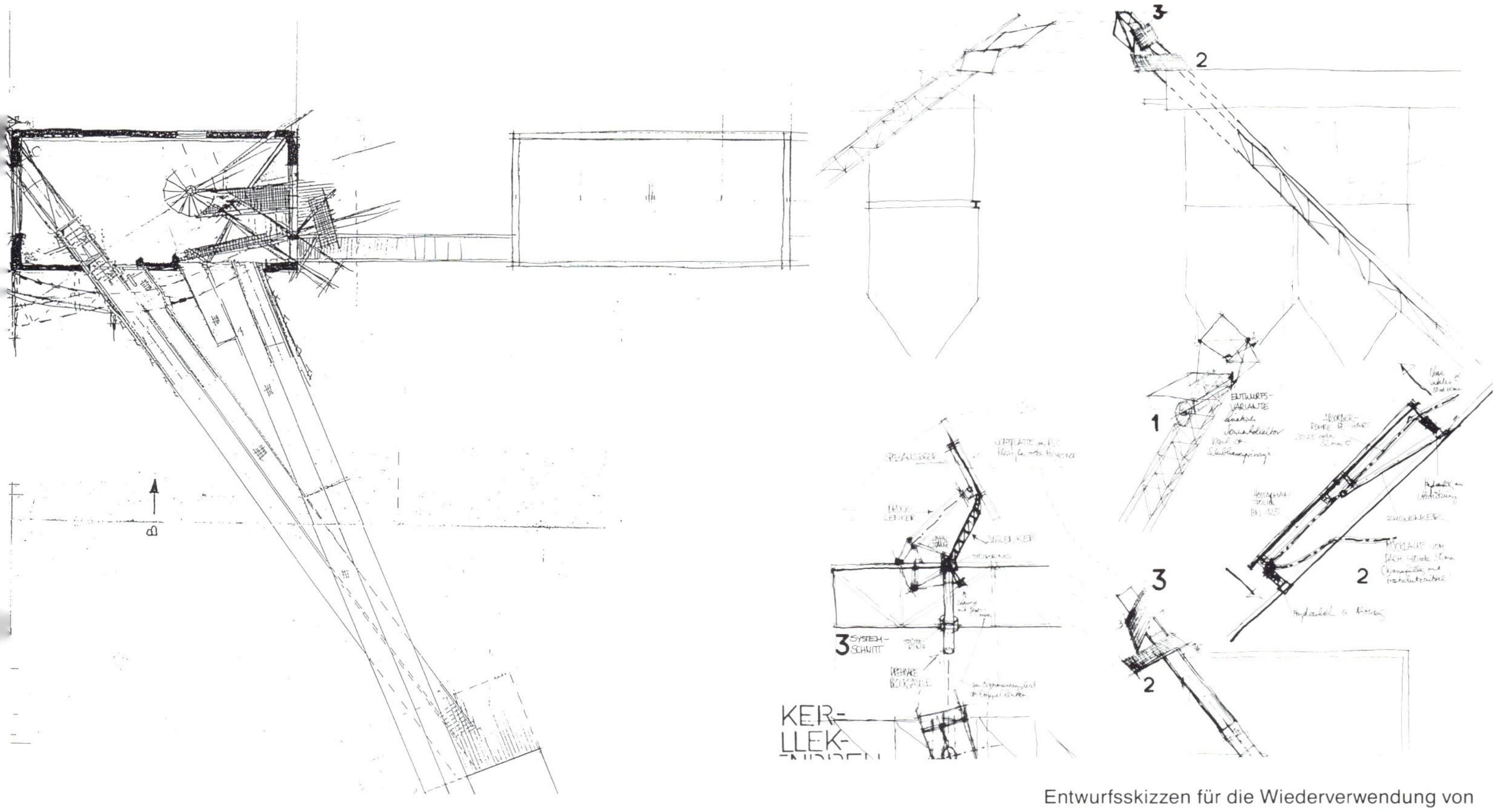

Entwurfsskizzen für die Wiederverwendung von Gelenkstrukturen und Hydraulikkonstruktionen aus dem vorgefundenen Kieswerk, zur Befestigung und Integration von Sonnenenergieanlagen in der aus- und umgebauten Kieswerkanlage

Ateliersilo Teilansicht Südost, Blick auf Galerien, Terrassen, Laufstege und das Energiedach; Schattierungs- und Lamellenrahmen kontrollieren das Sonnenlicht, Klapp- und Schiebefenster regeln die Belüftung (Modell)

Linke Bildreihe:
Innenraum, Verbindungsrampen, Laufstege und Brücken (vorhandener Zustand)

Atelierhalle, Draufsicht (Modell)

Laufsteg mit Förderband von der Atelierhalle zum Montage- und Lichthof (Kieswerkanlage vorgefundener Zustand)

Haupteingang der Atelierhalle in 15m Höhe, mit Terrasse (Modell)

Blick auf den Haupteingang (Modell)

Dachdetail der Atelierhalle, Draufsicht (Modell)

Innenraum der Atelierhalle

Karl-Heinz Menzen

Abfallprodukt Mensch
Lagerungs-, Ver- und Entsorgungsprobleme

„... das belichtete Material
löst dich in Millionen von
Zitaten auf" (Penth/Franzen)

I.
Einen Billigtarif für genetisch Gesunde kündigt Ph. Marlière vom Institut Pasteur in Paris bei den privaten Versicherungsabschlüssen an: Verträge mit Ausschlußklauseln und gestaffelte Tarife je nach Alter, Geschlecht und Gesundheitszustand des Klienten werden hier bald an der Tagesordnung sein. Buchstäblich „an den Haaren herbeigezogen", werden die molekular-biologischen Analysen hiernach im voraus darüber befinden, welche medizinisch-prädikativen Systemeigenschaften dieses Kunstprodukt Mensch haben darf. Eine Optimierung der menschlichen Ressourcen unter sozial- und gesundheitspolitischen Hinsichten steht auf dem jeweiligen nationalen Haushaltsplan. Ein sogenanntes Arbeitnehmer-Screening, eine Art genetischer Vorsorgeuntersuchung wird in den USA bereits praktiziert und ist auch im EG-Bereich projektiert worden. Schon das Embryo wird gen-qualitätskontrolliert.[1]

II.
Formulierungsanlagen zur Umwandlung organischer Verbindungen sind gefragt. Die Kontrolle der Natur ist zu einer der Gengeschichte geworden. Genkontrolleure planen über die Vorsorge pränataler (Sterilisation) oder postnataler Art (Abtreibung) hinaus in eine menschliche, tierische und pflanzliche Chromosomenregulierung bis in diejenige der Wildtier- und Pflanzenreservate hinein: Molekularbiologisch ist derjenige, der schädlich ist, „natürlich auszulesen". Nur als „Umsatzquelle" für den Medizinbetrieb[2] ist dieser anerkannt. Ist er einmal zum Kunstprodukt gemodelt, erfordert er eine gänzlich andere Bewertung als bisher: Wurde er zu Beginn des 19. Jahrhunderts unter den Gesichtspunkten eines „Moral Treatment" inspiziert (so die Psychiater Reil, Pinel und Schneider), hieß am Anfang des 20. Jahrhunderts „Moral Management" die Devise (so Durkheim); am Ausgang unseres Jahrhunderts sind molekularbiotechnische Steuerungsprozessoren gefragt; diese sind sozial- und gesundheitspolitischen Aspekten unterstellt. Die gentechnischen Kunstprodukte „Mensch" – „Pflanze" – „Tier" sind als „neue Lebensformen" zu deklarieren, zu patentieren (so ein US-Gericht im Jahre 1980). Das molekularbiologische Kunstprodukt Mensch gilt als optimiertes Konstrukt „autopoetisch – selbstorganisiert": Die Freilandversuche mit genmanipulierten Pflanzen wollen uns beweisen, daß Formen der proteinsynthetischen Selbststeuerung möglich sind. Es werden aller-

orts gentechnisch veränderte Organismen freigesetzt; und die nicht-manipulierten werden eingeschlossen in Reservaten: Abraumhalden, Deponieräume, Industrie-, Gewerbe- und Siedlungsbrachen erhalten eine menschen-, tier-, pflanzen- und parkähnliche Funktion.

III.
In den Präventionsüberlegungen des Bundeskriminalamtes war vor Jahren der „gläserne Mensch" als „partielle Verwirklichung eines kulturellen Anspruchs" geplant.[3] Die modernste, hominide Variante wurde nach politisch-vorherrschenden „Ein- und Ausschlußregeln" formuliert. Im politisch-ontologischen Treibsand wurde eine solche Gattungsart vorgestellt und verwirklicht. Binärlogisch konstruiert und computergemodelt, illustrierte er, was von ihm zu erwarten sei: ein zu ver- und entsorgendes, zu lagerndes Restwesen; sozusagen ein Wesen, das sich künstlich zu verobjektivieren in der Lage sei. „Opus alienum", so Habermas, welches dazu bereit sei, das an ihm demonstrierte „Fremd-Destruktive" wieder zu reproduzieren.
Monokultur (nicht: Multi-) war angesagt.

IV.
COMBINES, COLLAGEN, READY MADES, MULTIPLES: Sie haben das „Monogrammatische", so Rauschenberg, in den Vordergrund geschoben: in dem Haufen von vergleichbarem Müll war eindrucksvoll deutlich gemacht: Ein Monogramm war dem An- und Verwesenden aufgedungen. Der bloße Konstrukt-, Dingcharakter war virulent und – trotz gegenläufiger Intention – nicht zu übersehen. Ob Bild oder Zeichen – das war keine Frage mehr: Die Pfeife Magrittes wies hin, ließ die Bild-Text-Analytiker Barthes'scher Prägung tanzen. Diese brachten das humanistisch-sperrige Gut an einen anderen Platz; suchten den Dingcharakter entweder zu entsorgen, oder recycelten ihn. Suchten den Ort zu finden in der Fiktion, an dem die Entsorgung, resp. das Recycling stattfände. Für Roy Lichtenstein war dieser Ort die Textur, die von den Punkten herrühre, mittels derer der wiederaufbereitende Blick zu restituieren sei. Noch für Jim Jarmusch ist der Kontext aus den Schwärzungen, aus den Leerstellen heraus zu finden: „Stranger than Paradise" schöpfte aus der Redundanz des Alltäglichen, aus den Ausblendungen, mit denen er, der

Zuschauer jetzt spielte. Wie die Kinder in den Haufen Unrats, Abfalls, Mülls: In den phantasieheischenden Exkrementen sollte die zerstörte Konfiguration neu gestaltet sein. Sollte assoziativ mittels des William-Borroughschen „Cut-up-Verfahrens" das Eingeebnete decodifiziert werden. Das Kunstwerk, so John Cage, sollte sich „den Interventionen von seiten des Publikums" öffnen – jenes Publikum, welches „in diesem zum Medium gewordenen Werk eingeschlossen sei. Der Mensch – so Cage –, ein Gefangener seines eigenen Systems, eben jene Warholsche Maschine, „mehr noch als ein technisches Objekt", habe sich den „Einschleichungen seines inneren oder äußeren Milieus" zu ergeben: „Tonselbstverdauung" hat er dies genannt, wo die traditionelle Hermeneutik nichts mehr zu bedeuten hat.[4] „Ich cut-up-iere. Ich brech permanent ab, ich zerstückel den Gesang", hat der Punkrock-Sänger Kiev Stingl die inzwischen unbrauchbar gewordene Strategie benannt. Beispiel: „. . . ich seh, wie du fällst, wie du mir / verfällst, wie du mir gefällst: / so, wie du nie bist".[5] Die destruktive Gleichheit sei aufbrechbar in der Wiederholung, hat John Cage gesagt; diese könne recodifiziert, rekonditioniert werden.[6] – Das Gesagte war allenfalls Beschwörung.

V.
Die Zeit-Maschine John Cages war nie zum Stehen gebracht. Die Mitreisenden waren nicht mehr einzuholen: Die Kunst hielt nicht mehr Schritt mit der Vergleichgültigung. Konnte die UN-VERHÄLTNISSE kaum mehr lokalisieren. Blieb nur der einsame Erlebnisreflex: „Schrei dich nicht zu Tode. Das ist mehr als richtig". Solche Empfehlung kam von Blixa Bargelds EINSTÜRZENDEN NEUBAUTEN her; einer Gruppe, die wie Cages Zeit-Maschinen-Zug den empfangenen Takt der Zeit diktierte; die das Zeit-Bild wie Lichtenstein in seine Punkte rasterte. „Ich hege", so hatte schon der Musiker Cage gesagt, „eine wahre Bewunderung . . . für alle . . ., die versuchen, die Sprache von der Syntax zu befreien". (Cage, 1972). Was aber da topologisch zum Vorschein kam, funktionierte wie eine „Maschine . . ."; demonstrierte körperhaft: wir seien „Geiseln".[7] Das nicht mehr habbare Medium vermittelte den Eindruck, die schmerzliche Empfindung, in ihm gefangen zu sein; ohne das Vermögen zu sein, es zu reflektieren. „Die Vertreibung der Wechsler aus dem Tempel", – ein Bild Grecos nahm

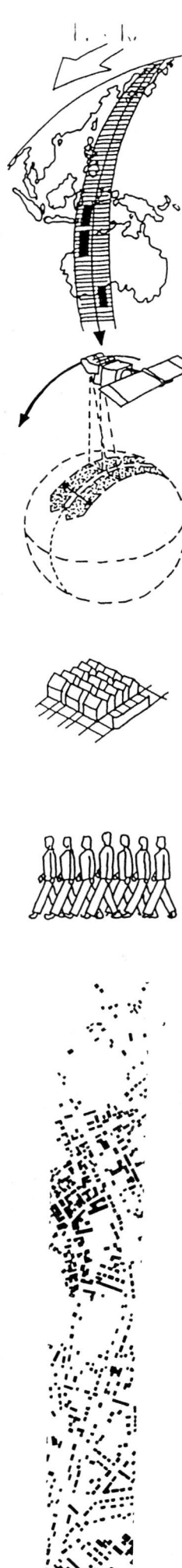

den Betrachter in die Pflicht: „Ich habe das einzige Foto, das ich von ihr hatte, verloren"–, hieß es im Film „DAS AUGE" von Michel und Jacques Audiard; der das sagte, Michel Serrault zog die Konsequenz – im O-Ton: „Und so stieß er die Tür auf und trat in das Foto ein." Der Sozialpsychologe und Psychoanalytiker A. Lorenzer hat dies eine Form der „organisierten Heimatlosigkeit" genannt, eine Heimatlosigkeit, die sich hier im ästhetischen Medium präsentiert.[8]

VI.
Eine ohnehin ästhetische Verschleißanfälligkeit unseres Blicks: Zunehmend bildselbstvernichtend – dies galt als letzte hermeneutische Erfordernis – und den Zeichenagglomeraten ganzer Medienkomplexe ausgesetzt. Die Sinne verschalten sich gemäß dem Programm- und Medienangebot; entsprechend dem Möbel-, Kleider-, Kosmetik-, Gartenzaun-, Haus-, und Siedlungsoktroyat werden zeichenhafte Komplexgestalten übergangslos-programmatisch entfaltet. Etikettenhaft-nominalistisch wird ein künstliches Synkret namens „Mensch" – „Pflanze" – „Tier" formiert; das Synkret kann nach Markterfordernis umetikettiert werden, – wo es biophysisch oder soziopsychisch zerstört ist und sich im Sinne der Eingabe nicht zu reproduzieren in der Lage sieht. Wo es unbestimmt, nicht einzuordnen, ist es entsprechend seiner Chromosomenanomalie agri- und kulturtherapeutisch zu recyceln oder gänzlich zu entsorgen.
Was bedeutet es, wenn die Sinne techno-graphisch reguliert, wenn sie topo-logisch eingeschworen werden auf die transzendental-schematischen innersinnhaften Marktbestimmungen?
Erst das Warenagglomerat schafft den „Lebenszusammenhang". Von ihm sagt Joseph Beuys, man könne ihn wie „das Hirn beim Metzger kaufen." Kluge und Negt sprechen von einer „Synthesis von Programm- und Gesellschaftssinnen". Original-Ton: „Gesprächsfetzen, Räuspern, Stuhlgeräusche, Summen der Büromaschinerie, Klappern der Absätze usw., – Genesis P. Orridge, der Musiker weist darauf hin: Die Frequenzen, die Rhythmen, die Klang- und Geräuschkulisse konstellieren einen Zerrspiegel, der nicht nur sympathisch / parasympathisch nerverregend wirkt; unterschwellig formiert werden Sinne „im kodierten Rhythmus der Kontroll-Paranoia."[9] Erfahrungs- und Bedürfnisketten innersinnhafter Art werden organisiert. Und „es gibt keinen anderen Ort, wo man hingehen kann", so die Burrough-

sche Erfahrung: „Das Theater ist abgeschlossen", heißt es bei ihm (1977); es gebe keine Möglichkeit zu fliehen. Hinweis: „merzen Sie alle Gegenstände aus die nicht zur Szene gehören aber auch dann . . . werden früher oder später dieselben Gegenstände wie verselbständigt wieder auftauchen und immer ist da die Außenwelt . . . Sie schleppen sie mit rein all diese Wörter und Geräusche und Bilder die nichts mit Ihnen zu tun haben . . .". Bildrecyclet sind wir an-, nicht mehr ausgeschlossen: Die gestanzten Muster leiten an: „. . . scheinen sich oft von der story zu lösen" – so Allen Ginsberg, der darauf hinweist, wie sie „ein Eigenleben . . . führen . . ."; und erschreckt schließlich: „. . . man spürt bereits, daß sie . . . ihren eigenen Willen haben werden."[10] „Außerhalb eines Filmes leben", geht da nicht.[11] „Sie wollen raus aus der Gegenwart, nicht wahr? . . . Also ich kann Ihnen ein paar Tips geben . . ."[12] Das „nur NARREN DENATURIEREN" (Schuldt) wird hier glossiert. „Die letzten Worte von Dutch Schultz" aus der Feder von Burroughs lauten: „Die Szenarien sind das Medium, in dem die Personen leben, das ihre Handlungen unerbittlich prägt. Eine Person, die nicht mehr zu einer Szenerie gehört, ist erledigt" . . . Zitat Ende.

VII.

Das CUT UP / CUT OUT, jene BRICOLAGE-Technik, auch die PARANOISCHE METHODE-Version, – alles Versuche, die recyclisch Sinn-Schutt wühlen. Die Industrie-, Gewerbe- und Siedlungsparkanlagen stehen dafür. Unbewußtes harrt hierbei des Entstalteten[13], harrt des befreienden Gestus.
Dagegen Becketts remakehafte Installation: „Heute wie einer, der fremd war und nach einem Ausweg suchte. Im Dunkeln. An einem Ort blind im Dunkel der Nacht oder des Tages nach dem Ausweg suchen."[14] Ist hier nur ein spezifisch europäisch-kulturphilosophischer Gestus? Nur quälende Erlösung?: „. . . eines Nachts . . . oder Tages dann . . . sah er sich aufstehen und gehen . . . versuchen zu gehen . . . so langsam, daß nur der Ortswechsel seine Bewegungen anzeigte . . .". Solche Erfahrung ist / ist nicht an ein Ende gelangt: „Die Schritte in fast leeren Raum hallen nach . . .", – so Wilhelm Genazino.[15] „Die Sequenz", so Burroughs, sollte zeigen, wie Dutch unerbittlich in den . . .-film . . . hineingezogen wird."[16] Die Sequenz verlangt angesichts einer „Diktatur der Bewegung" nach einer Pause.[17] Aber die ist nicht gewährt.

„Bilder und Insekten prallen auf die Windschutzscheibe[18], Bilder verdichten sich. Bilder beginnen sich zu überlagern: Orte, Zeiten überlappen sich (Warschau, Budapest, Berlin-Ost, Bukarest im TV an einem Abend) Eine IMPLOSION DES EINDRÜCKLICHEN ist im Gang. Kann nicht mehr sortiert, erst recht nicht abgewehrt werden. „Wie bei einem Bühnenstück, bei dem jeder aus einem anderen Skript liest"[19] – übrigens autistische Erfahrung –, so wird Kantsche transzendental-schematische Zeit-Ort-Erfahrung außer Kraft gesetzt; wird nicht mehr apriorisch fürderhin anleiten. WER WOMIT WEN zu ver- und entsorgen hat um dem implosiven Synkret Polyphones abzuringen, das ist vielleicht nur noch eugenisch ausmachbar. Dabei werden verhaltensausdrücklich-territorial die exkrementalen Sinnesreste gesetzt, ab und zu auch künstlich / künstlerisch gefeiert. Dies SELBST DAS SOGENANNTE (Beckett) erscheint als HANDLUNGSRÄGER (Jelinek), das der Inszenierung des Abwesenden nicht mehr dient. Was anwesend, zeigt sich bis zur UNKENNTLICHKEIT verdichtet. Schließlich gibt es keine Abfälle mehr. Das seriell uneindeutig Produzierte ist allenfalls im Gestus eines vagabundierenden Blicks belebt.

1 Keßler, H.: Der genormte Mensch: Humangenetik und Fortschritt: Die Weichen für eine „Qualitätskontrolle" des Embryos sind gestellt. In: Badische Zeitung, 3./4.02.1990, BZ-Magazin
2 Der Spiegel (Hrsg.): Pauschalreise ins Gen-Paradies. In: Der Spiegel, 44, 15.01.1990, S. 195-198
3 Herold, R.: Zitat aus: Der Freibeuter, 3, 1983, S. 161
4 Cage, John: Für die Vögel: Gespräche mit Daniel Charles. Merve: Berlin 1984.
5 Stingl, Kiev: Hart wie Mozart: Ein Rücksichtsloser ohne Rücksichtslosigkeit, manchmal am Rande der Genialität, manchmal das größte Arschloch des Jahrhunderts. In: Humann, Kl. u. Reichert, C.-L.: Rock-Session, 4, Rowohlt: Reinbek 1980.
6 Cage, John: In: Daniel Charles: John Cage oder die Musik ist los. Merve: Berlin 1979.
7 Bargeld, Blixa: Zum Geleit. In Müller, W. (Hrsg.): Geniale Dilettanten. Merve: Berlin 1982.
8 Lorenzer, A. (Hrsg.): Kultur-Analysen. Frankfurt/M. 1986.
9 Orridge, Genesis P.: Musak: Ein Konzept zur Manipulation von Menschen. In: taz, 02.02.1985, S.10.
10 Ginsberg, Allen: In: Ball, G. (Hrsg.): Allen Ginsbergs Notizbücher. 1952-1962 München, 1980.
11 Schuldt: Mamelucken antworten. Linz, 1983.
12 Burroughs, W.: Die letzten Worte von Dutch Schultz. Köln, 1971.
13 Heint, R.: Klang – Kallistik. Notizen zu Orpheus und der Schönheit von Musik. In: Kamper, D. u. Wulf, Chr. (Hrsg.): Der Schein des Schönen. Steidl: Göttingen 1989.
14 Beckett, Samuel: Stirrings Still. Übersetzt von Willi Winkler: „Unentwegt bewegt". In: Die Zeit, 36, 01.09.1989, S. 43.
15 Genazino, W.: Der Fleck, die Jacke, die Zimmer, der Schmerz. Rowohlt: Reinbek 1989.
16 Burroughs, W.: O Gott hol mich hier raus! In: Born, N. und Manthey, J. (Hrsg.): Literaturmagazin, 8, 1977 (Die Sprache des großen Bruders).
17 Virilio, P.: Der negative Horizont: Bewegung-Geschwindigkeit-Beschleunigung. C. Hanser: München 1990.
18 Schmidt, Th.: Diktatur der Bewegung. „Über Paul Virilio": Der negative Horizont: Bewegung-Geschwindigkeit-Beschleunigung. München 1990. In: Badische Zeitung, 27./28.02.1990, BZ-Magazin.
19 Wilson, R.A. Schrödingers Katze: Der Zauberhut. Sphinx Verlag: Basel 1982.

Baggerseeskulpturen

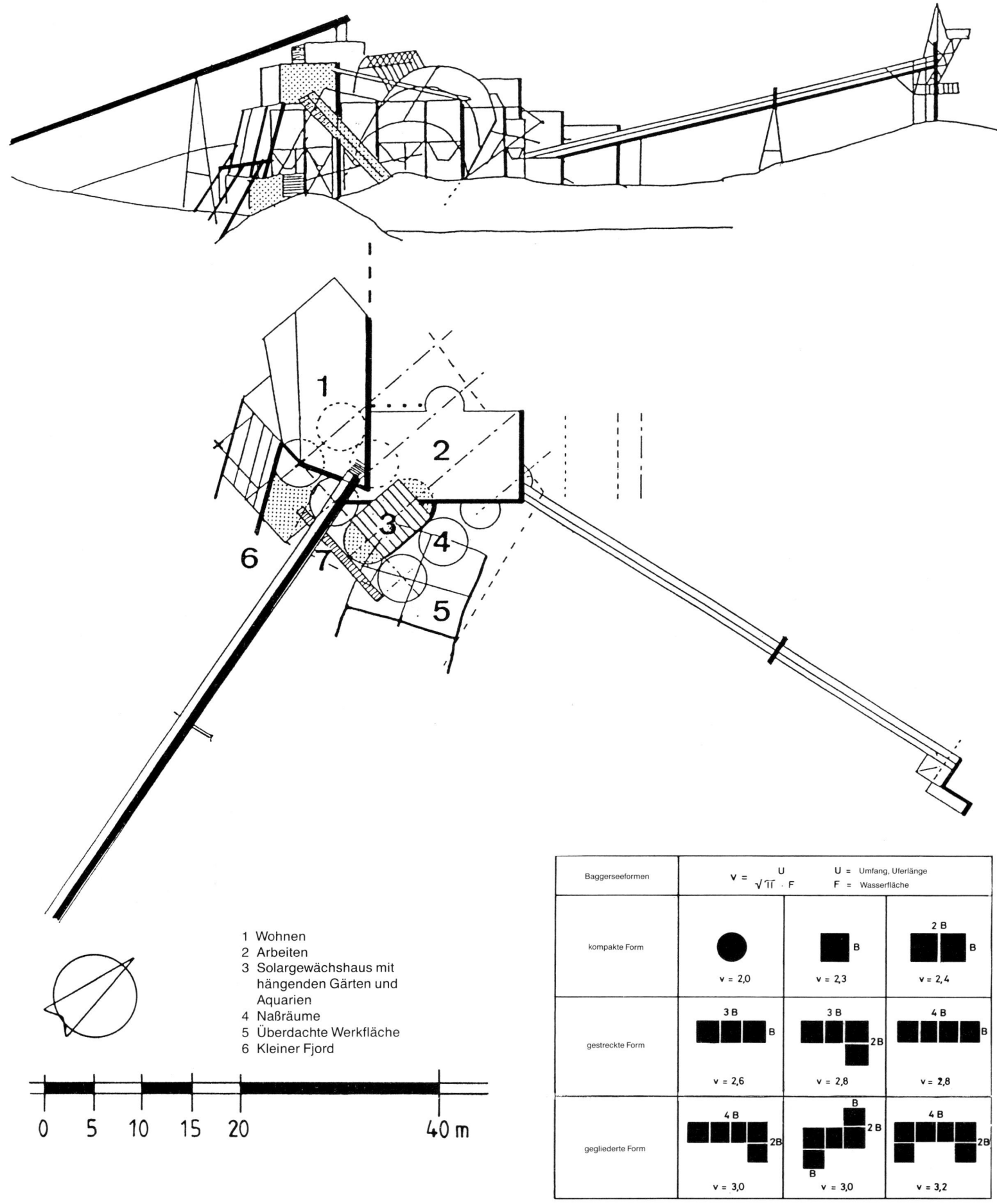

1 Wohnen
2 Arbeiten
3 Solargewächshaus mit hängenden Gärten und Aquarien
4 Naßräume
5 Überdachte Werkfläche
6 Kleiner Fjord

Beispiele typischer schematisiert angelegter Baggerseeformen

Die Charakterelemente der durch den Abbau verursachten Topografie der Kiesgrubenlandschaft und die vorhandenen Tragwerkanlagen werden nicht wie üblich aus dem kulturellen Szenarium verdrängt, sondern landschaftsarchitektonisch folgegenutzt.

Auf allgegenwärtig standardisierte Neubauten (wie Seegaststätten mit Walmdach), die in ihrer Starre in keinem prozeßhaften Zusammenhang zu diesem Szenarium stehen, wird verzichtet.

The characteristic features of the gravel pit landscapes topography created by the exploitation and those of the existing supporting structure are not as it usually happens pushed out of the cultural scenario, but are utilized in landscape gardening. There'll be none of these ubiquitous standardized new buildings (such as hip-roofed cafés), because their stiffness is abhorrent to the scenario.

Typischer rekultivierter Baggersee mit angrenzender Mustersiedlung in der Nähe Stuttgarts

Freiraumkonzept
Prozesse / Übergänge (erarbeitet mit Gerd Dürr)

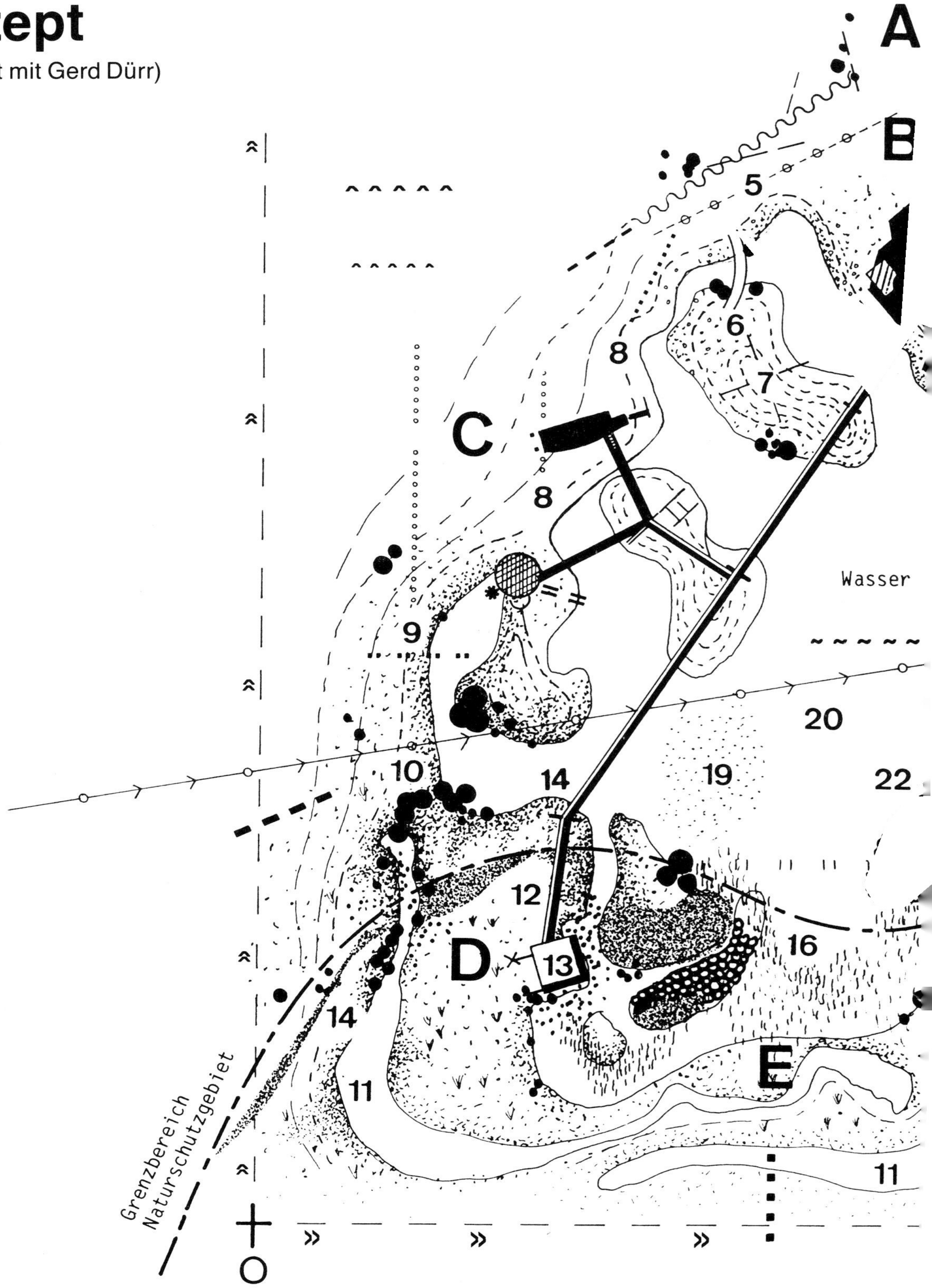

Erhaltenswerter Zustand

Erhaltenswerter Zustand

A 1 Parkplatz
   2 Hochsilo für Essens- und Getränkeausgabe
B 3 Südexponierte Baggersee-Skulptur für öffentliche und private Zwecke (Wohnen, Arbeiten)
   4 Point of view-Hochsitz
C 5 Förderband-Passarelle
   6 Brückenskulptur
   7 Point of view-Hochsitz
   8 Flachwasserzone (Ruhen, Verweilen, Baden)
   9 Steilwasserzone
   10 Natürliche Abgrenzung zwischen anthropozentrischen und biozentrischen Zonen: Sanddorn-Gebüsch
D 10 Sanddornzone
   11 Stillarme, besäumt mit Weichgehölzen (Weiden, Erlen, Pappeln)
   12 Sukzessionsplastiken stillgelegter Abbaugeräte auf einer Anhöhe
   13 Werkgebäude und Maschinenhalle
E 14 Steilufer mit Lehmwandungen, u.a. bewohnt von Uferschwalbe, Eisvogel, Regenpfeifer, Zwergtaucher, Grabwespe, Lehmwespe, Wildbiene, Kampfläufer
   15 Sumpfgelände – Pioniere: Seggen, Froschlöffel, Binsen, Kleiner Rohrkolben, Blühender Wasserschlauch, u.a. bewohnt von: Zwergreiher, Drosselrohrsänger, Flußuferläufer, Teichrohrsänger, Frösche, Kröten, Molche, Gelbbauchunke, Libellen, Gelbrandkäfer
   16 Übergangs- und Verlandungsbereiche (Flachwasserzone)
   17 Brache, vegetationsarm, z.T. Kies- und Sandfläche
   18 Flachgründige Weiher (kleine Rinnsale)
   19 Inseln aus Schwimmplattpflanzen
   20 Freie Wasserfläche – Lebens- und Spielraum für Schwimm- und Tauchvögel wie u.a. Bläß- und Teichhuhn
   21 Feuchtareale – besiedelt von Amphibien und Reptilien, Ausbreitungs- und Wanderzone
   22 Vegetationsfreie Kies- und Sandinseln – u.a. Brutplatz für Flußregenpfeifer, Standort für Ödlandpflanzen
   23 Anhöhe: Kiefern- und Eichenmischwald

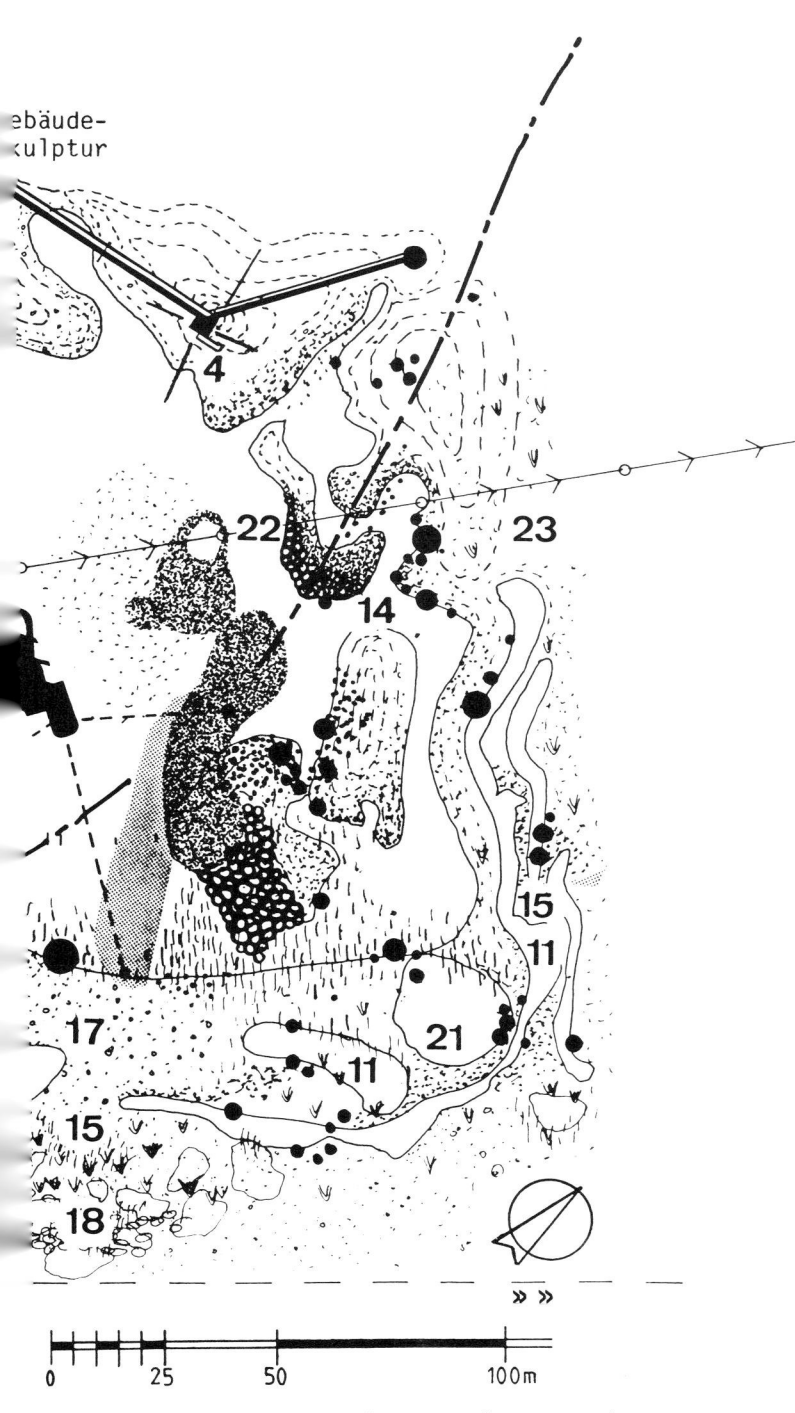

Lageplan einer ökologisch sinnvoll genutzten Baggerseeanlage

50 bis 70 Prozent und mehr der aufgelassenen und geplanten Abbaugebiete von Kies und Sand sollen künftig bedrohten Arten als Zufluchtsort dienen.

Erhaltenswerter Zustand

Hermann Wiesler
Ein neues, ein anderes Leben.

Zwei der berühmtesten Entwurfsbeispiele der Geschichte moderner Architektur wurden nicht gebaut: weder der Kugelkenotaph für Newton von E. L. Boullée (1784) noch das Monument für die III. Internationale von W. Tatlin (1920). Die Steinkugel wäre „modern" gewesen – sie zerquetschte Ornament und Zartheit des Rokoko, ihre Formensprache sollte archaisch, beladen mit antiker Erhabenheit erscheinen; Tatlins kühnes, beinahe 400 m hohes Gerüst sollte programmatisch „nach vorne" zeigen, jedes Anspielen auf alte Architektur war vermieden. Wir kennen heute eine ähnliche den Aufbruchstimmungen der Vorrevolution und der Zeit nach dem 1. Weltkrieg vergleichbare Architektur-Euphorie nicht. Es wird zwar viel gebaut, aber wenig „Neues" erfunden. Erfindungsmangel? Armut? Oder beides – es bleibe unerörtert. Viel wäre allerdings schon gewonnen, gingen wir mit dem Vorhandenen angemessen um, planten wir Neues behutsam. Wenn hier von „Wir" die Rede ist, soll das nicht aufheben, daß immer einer / einige planen, soll vielmehr auch deutlich machen, wie sehr Planen und Bauen in einen gesellschaftlichen Vorgang eingebettet sind, wie sehr Planen und Bauen auch Spiegel einer gesellschaftlichen und ästhetischen Verfassung sind.

Wieviel wurde nach dem Zweiten Weltkrieg allein in der Bundesrepublik an Stadtsubstanz durch Abriß und Eingriff in die Struktur des Stadtgrundrisses zerstört; wie schnöde gingen und gehen wir mit dem Elementarwert Landschaft um (Bachregulierungen, Straßenbegradigungen). Dieses Thema ist inzwischen erfreulicherweise ein so allgemeines, daß die Vermutung gar nicht erst zerstreut werden muß, hier ginge es um die Pflege einer der Industriegesellschaft feindlichen und ihr entgegengesetzten verlogenen Öko-Idylle.

In diesen Zusammenhang gehört die Frage: Wie gehen wir mit industriegeschichtlichen Denkmälern um? Denkmal ist alles. Alles kann zum Denkmal werden. Eine natürlich gräßliche Vorstellung. Denn zu Ende gedacht, hieße das: Da „alles" Denkmal ist, muß alles geschützt werden, es darf / kann nirgendwo nichts verändert

Hermann Wiesler
A new life, another life.

Two of the most famous designs in the history of modern architecture have not been built: neither E. L. Boullée's spherical cenotaph (1784) for Newton, nor W. Tatlin's monument for the Third International (1920). The stone ball would have been „modern" – it crushed the ornaments and tenderness of the Rococo era, its form was to have an archaic effect, laden with the grandeur of antiquity. Tatlin's bold structure rising to a height of nearly 400 metres was meant to be a programmatic "pointer to the future" making no allusions to former architecture. In today's architecture there is no euphoria comparable to the new departures that took place before the French Revolution and after World War I. Whilst a lot of building work is going on, there is hardly any innovatory work. Lack of imagination? Indigence? Or both? I am not going to discuss this point. It would however help a great deal, if we were to adequately preserve what is there and to plan any new structures very carefully. By saying "we", I do not mean to deny that it is always one or a few only who plan, but I do wish to point out, that planning and building are an integral part of societal processes and true mirrors of the society as it exists and of its aesthetics.

In the Federal Republic of Germany alone how many cities and cowns have in the aftermath of the Second World War been destroyed by demolition and interference with their street scapes. What contempt had we shown and still show in dealing with landscape as an elementary factor (regulation of brooks, straightening of streets).

Fortunately this subject has by now been so widely discussed, that we do not even refute the suggestion that we are preoccupied with maintaining a false ecological idyl hostile and contrary to industrial society.

In this context the question "How do we treat past monuments of industrial society?" has to be raised. All things are monuments. Everything can become a monument. Obviously a hideous idea. It thought through this would mean, since "everything" is a monument, everything has to be preserved, nothing may be altered. This would be stifling and deadly. Obviously we do not live in a nationwide open-air museum. There is however a kernel of

werden. Das wäre erstickend und tötend. Wir leben selbstverständlich nicht in einem bundesweiten Freilichtmuseum. In der Behauptung „Denkmal ist alles" steckt jedoch zumindest ein wahrer Kern: Es kann nicht darum gehen, nur kunstgeschichtlich „wertvolle" Bauten (Wer bestimmt das? Von welchen Mengen und Qualitätsmerkmalen ist das abhängig?) als Denkmäler aufzufassen. Würde eine solche Nobel-Denkmalsliste radikal und elitär verfaßt, bliebe nur das Freiburger Münster über und rings um die Kirche könnten Hochgaragen aus Waschbeton gebaut werden. Es gibt also den Gedanken des historischen Ensembles — mehrere Gebäude, die einzeln zum großen Teil „wenig" sind, bilden zusammen eine beachtliche geschichtliche Masse. Neben diesen Ensemble-Gedanken hat aber auch die Überlegung Gewicht, daß „Geschichte" nicht allein aus Kirchen, Schlössern und Bürger- wie Bauernhäusern besteht. Darum ist seit Jahren das Kapitel „Industrie-Architektur" ein diskutiertes und beherzigtes.

Für die Oberrheinebene sind Kieswerke (auch) kennzeichnend. Diese sind mehr „häßlich" als „schön". Reine Zweckbauten. Nun stehen sie zum Teil funktionslos und damit sinnlos herum. Aber auch das „Häßliche" kann Denkmalsrang haben. Hier, im Fall der Kieswerke, weil diese Bauten da waren, zum Teil da sind. Sie sind Denkmal ihrer selbst und eines spezifischen Landschafts- und Naturbenutzens. Ob sie nun tatsächlich „häßlich" sind, ist eine offene weite Frage. Zumindest waren sie zweckmäßig und rational geplant und gebaut; ihre eisernen, backsteinernen, zum Teil in Gußbeton ausgeführten Bauteile bilden eine bizarre funktionale Einheit. Nun können/sollen nicht alle Denkmäler jeglichen Ranges, nicht jedes Kieswerk erhalten werden. Wer soll das bezahlen? — Diese karnevalistische Urfrage hat natürlich Sinn. Diese Industriebauten als Einzelbeispiele hier und da zu erhalten, hat zumindest (auch) den Sinn, zu zeigen, das gab es, das sah so aus und das kann heute so gebraucht werden.

Thomas Spiegelhalter hat die Idee, diese Bauten — er modifiziert und untersucht das konkret an Einzelbeispielen — umzuwidmen. Seine Vorschläge erhalten die Struktur der Außenerscheinung, die signifikanten Elemente der technischen Produktion, er plant in die vorhandene Architektur rücksichtsvoll Arbeitsräume und

truth in the assertion "all things are monuments": We cannot conceive only of buildings, which are "meritorious" in relation to the history of art, as monuments (Who is to decide? What criteria of quantity and quality are to determine that?) If we were to draw up such a radically elitist list of "outstanding" monuments, the only building to remain would be Freiburg cathedral and around it washed concrete multi-storey garages could be built. So the concept of an historical ensemble is valid — individual buildings which in themselves are largely insignificant are of considerable historical value when perceived as an ensemble. Besides, there is significance attached to the notion that our architectural heritage does not consist only of churches, castles, town residences or farmhouses. Therefore "industrial architecture" has been discussed and taken seriously for some years now.

The Upper Rhine plain is characterised (among other things) by gravel plants. They are more "ugly" than "nice". Purely functional buildings. Now they are standing there having no function and no purpose. But even the "ugly" can rank as a monument: This is the case with the gravel plants because they were there and in fact are partly still there. They are monuments of themselves and of a specific use of landscape and nature. Whether they are really "ugly" is an open question. They were at least rationally planned and built to be functional. Their individual parts whether made of iron, brick or cast concrete form a bizarre, functional whole. But not all monuments, not each and every gravel plant can or should be preserved regardless of their rank. Who is to pay for this? This prime question is only natural. One of the reasons to preserve individual examples of industrial architecture is to show that they had been existent, looked like this and can still be used today in one way or another.

Thomas Spiegelhalter puts forward the idea to rededicate these buildings, examining and modifying individual examples. According to his proposals the external appearance and significant elements of the technical production are to be preserved. He plans to build work rooms und flats within the existing structure. Instead of quarrying there will be rooms for people to live and work, the gravel pit will be replaced by an idyllic pond.

One may mock at this idea like one ridicules other odd ideas. This would not harm Spiegelhalter's sensible

Wohnungen. Statt Kiesabbau, Wohnen und Arbeiten, wo gebaggert wurde, Teich-Idyll.

Wie jede ausgefallene Idee kann man auch diese bespötteln. Der vernünftigen Idee von Spiegelhalter täte das nichts. Die Struktur bleibt erhalten. Industriebau ist nach wie vor als solcher erkennbar, wer in ihm wohnt/wohnen will hat eine gewisse spielerische und offene Haltung mitzubringen. Die Räume haben zum Teil Schrägen, man wohnt auf verschiedenen Ebenen, es gibt vielleicht hier und da längere Wege. Unterstellt, daß das Ganze, wie Spiegelhalter nachweisen zu können meint, vernünftig finanzierbar und unterhaltbar ist, hat sein Plan nicht nur den Rang einer denkmalpflegerischen Tat, sondern auch ungewöhnlichen unüblichen architektonischen Rang. Mit einem Verwirklichen dieses Planes würde in unserer Wegwerfgesellschaft gezeigt, wie revitalisierend Gebäude und Landschaftsstücke gebraucht werden können; es würde vor Augen geführt und körperhaft erlebbar gemacht, wie eine Addition von Gebäuden, die insgesamt die Qualität einer Großplastik haben, charakteristische und prägende Wohnwerte mitteilen kann.

Das oft verzwergende System der Plattenbauweise bekäme ein phantasiegelandenes Gegenstück. Es kann durchaus erreicht werden, daß mit dem Spiegelhalter-Vorschlag nicht ein von den mediokren Jägerzaunbeschützten Mengen-Siedlungen ablenkendes Schicki-Micki-Idyll verwirklicht wird.

Immer vorausgesetzt, die Pläne von Spiegelhalter seien technisch und wirtschaftlich angemessen vernünftig, liegt hier ein planerisches und gestalterisches Überlegen vor, das einen dem offenen Kunst-Begriff korrespondierenden Architektur-Begriff in die Tat umsetzt. Dabei aber bleibt es nicht. Thomas Spiegelhalter zeigt, wie eine Sache, die als Industrie-Denkmal und als technische Landmarke erhaltenswert ist, nicht als totes Schauobjekt leblos herumstehen muß – das Ganze kann belebt und bewohnt werden, ohne daß seiner Qualität als technischem Architektur-Denkmal Gewalt angetan wird. Das einzig Erstaunliche an der ganzen Sache ist, daß noch niemand vor oder mit Spiegelhalter seine Idee hatte. Wann also findet sich ein Bauherr? Ist dieser mutig und entschlossen da, wann wird sein Bauantrag genehmigt?

idea. The structure remains intact. The industrial building is still recognizable as such. Those, who live or would like to live in it have to be open-minded and adopt a certain playful attitude. Some of the rooms are slanting, you would live on different floor levels and might have to walk longer distances. Assuming that the project can be financed and maintained at reasonable cost, as Spiegelhalter thinks he is able to prove, his plan must rank highly in terms of preservation but also in terms of its unusual design. If this project would be realised it would prove to our throw-away society that buildings and parts of our landscape can be revitalized.

It would physically demonstrate that a complex of buildings of the quality of a large sculpture can bust of marked residential value. The system of panel construction which so often dwarfs us would find an imaginative counter-part. It is quite possible that Spiegelhalter's proposal would not result in an idyl, catering merely for the in-people, which diverts our attention from the mediocre housing developments enclosed by lattice fences.

If we assume Spiegelhalter's plans to be technically and economicaily reasonable, we are dealing with a plan and a design realising an open concept of architecture, which corresponds with the concept of open art. But that is not all. Thomas Spiegelhalter demonstrates that an object preserved as an industrial monument and technical landmark, need not be a dead exhibit – the whole structure can be enlivened and inhabited without harming its quality as an architectural moument. What is astonishing is that Spiegelhalter is the first one to have come up with this idea. So, when will he find a financial backer? Once a courageous and determined person has been found, when will he be granted planning and building permission?

Schwimmende Anlagen
Schwimmkörper – Schwimmskulpturen

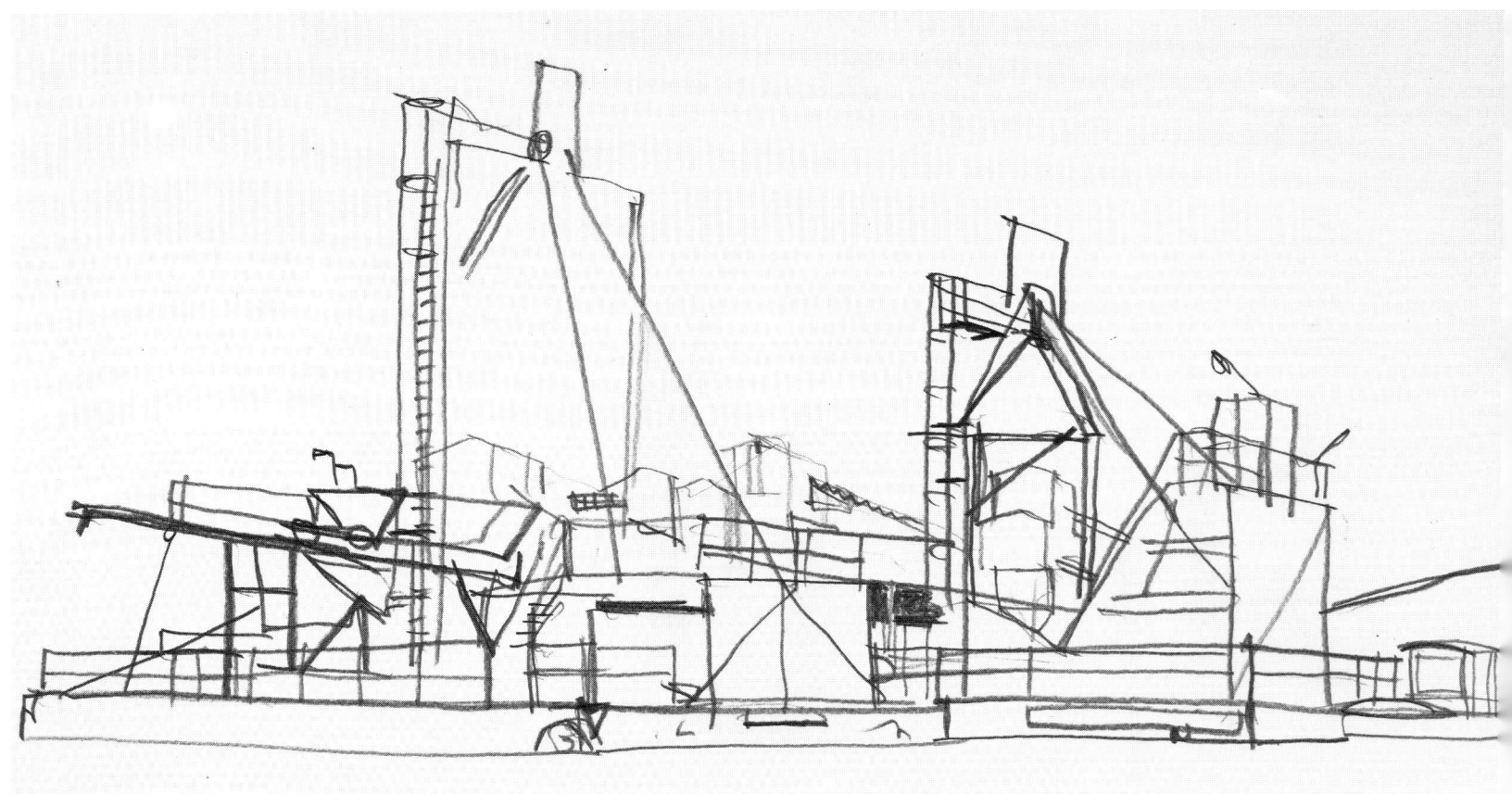

Aus schwimmenden Tiefgreifern und Baggeranlagen werden
schwimmende Wohn- und Arbeitsgebäude, Entwurfskizze

43

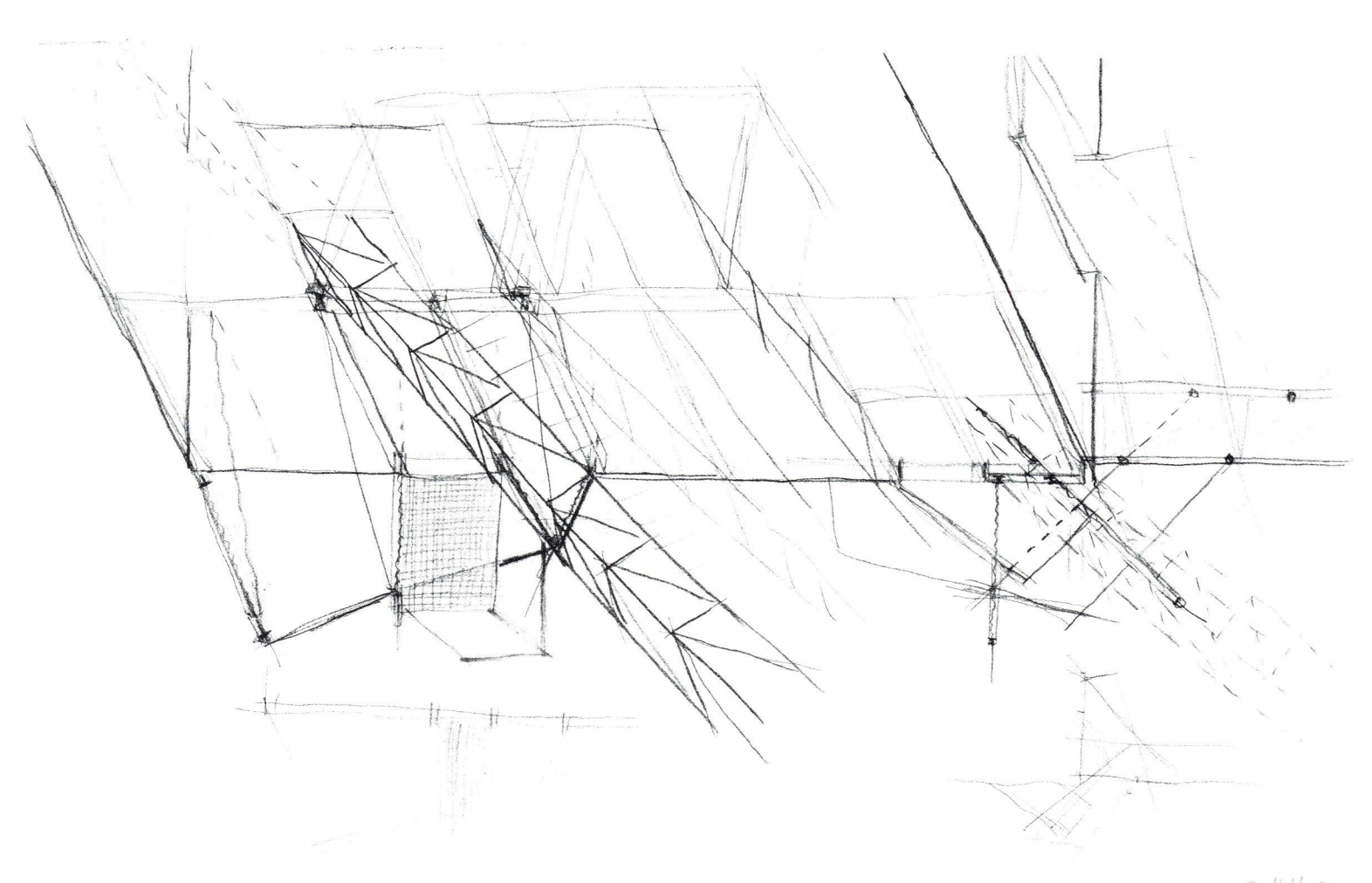

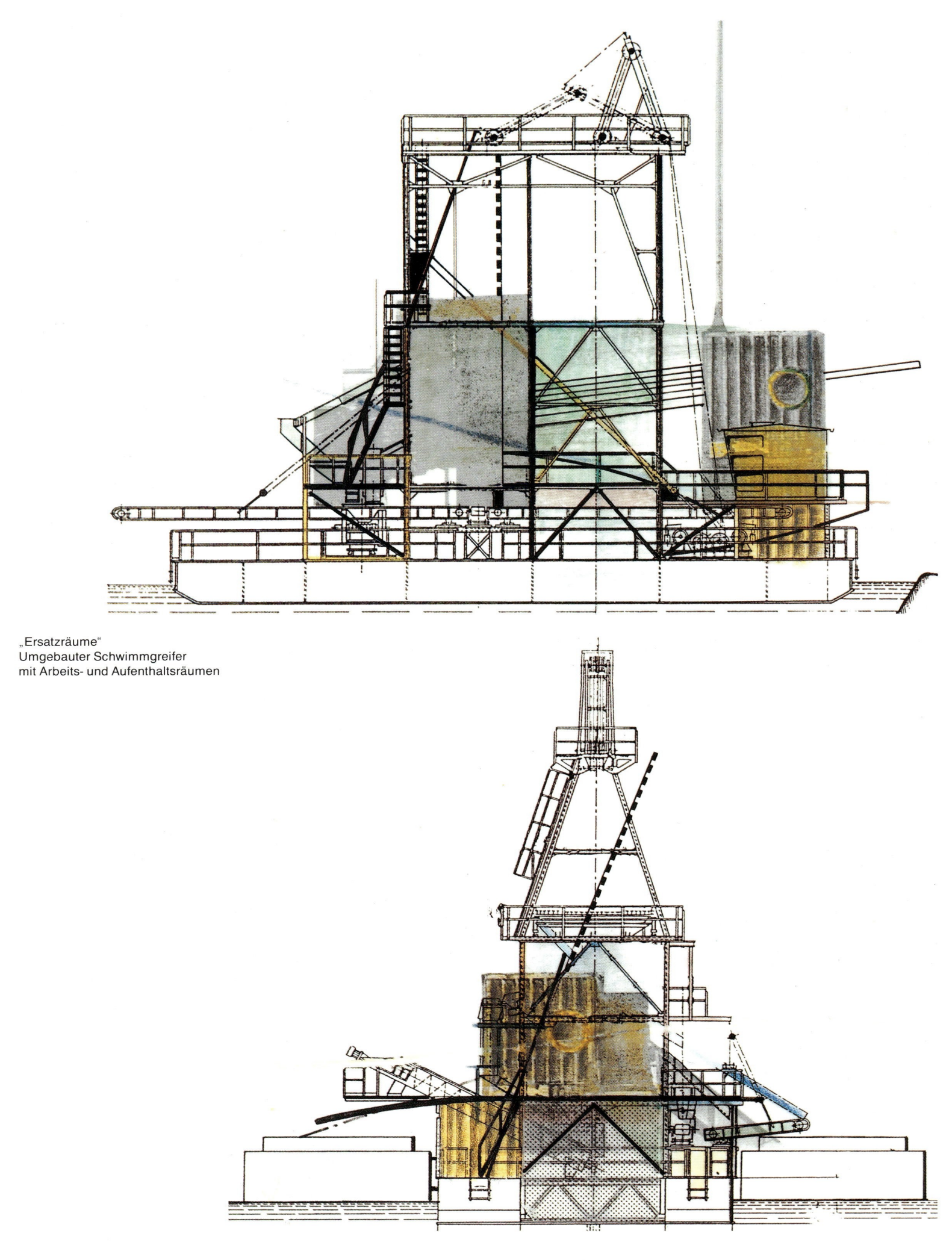

„Ersatzräume"
Umgebauter Schwimmgreifer
mit Arbeits- und Aufenthaltsräumen

Teil eines an mehrere Schwimmskulpturen angebundenen Gebäudetrakts.

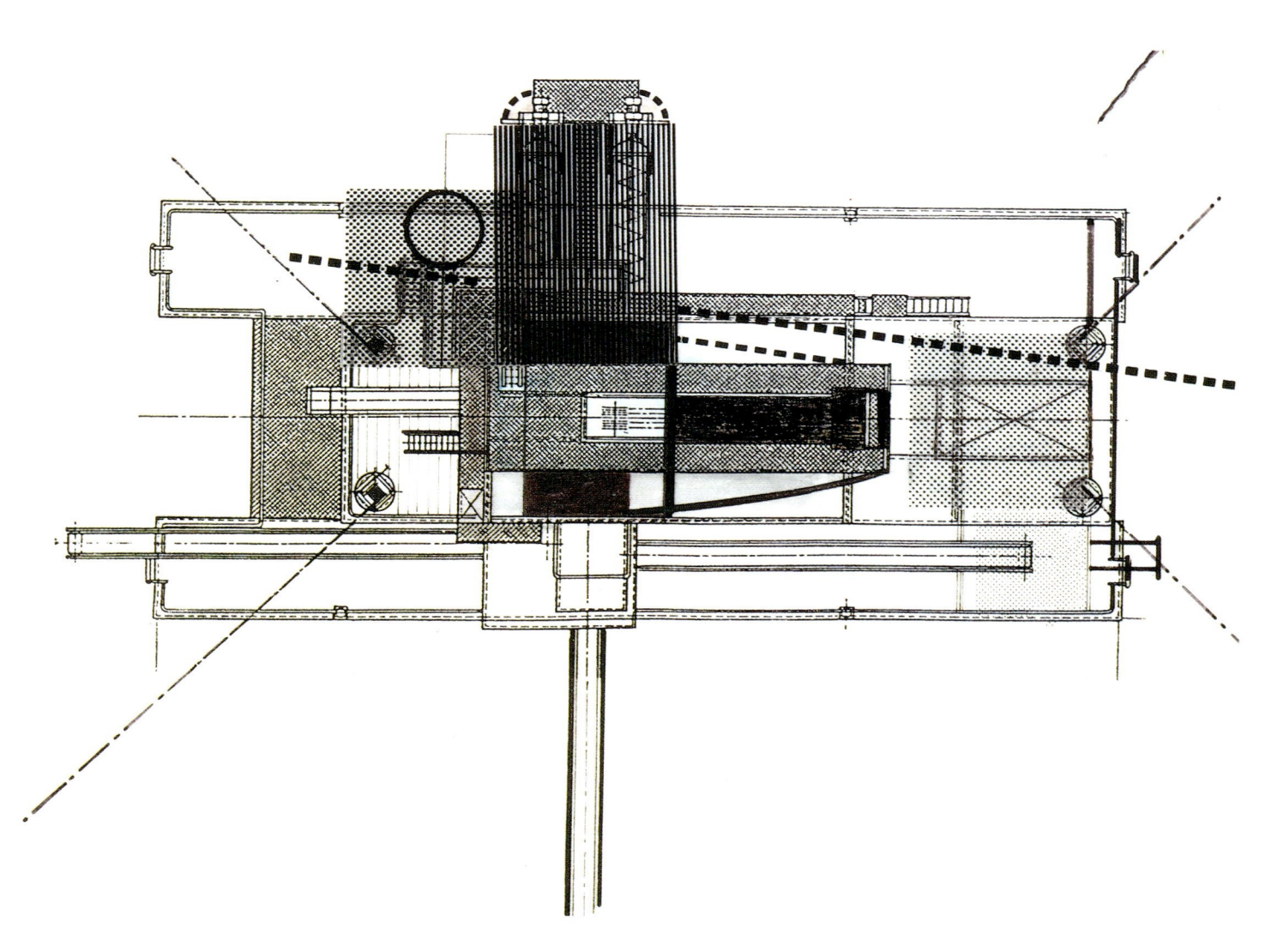

45

Um- und ausgebaute Baggerseeanlage. Entwurfprojekt 1989

Architekturprojekt
Skulpturen und Solitäre

Entwurfsskizzen: Zum Bau von einzelnen Gebäudeskulpturen werden Materialien, Trag- und Verbindungsstrukturen stillgelegter Kieswerkanlagen wiederverwendet.

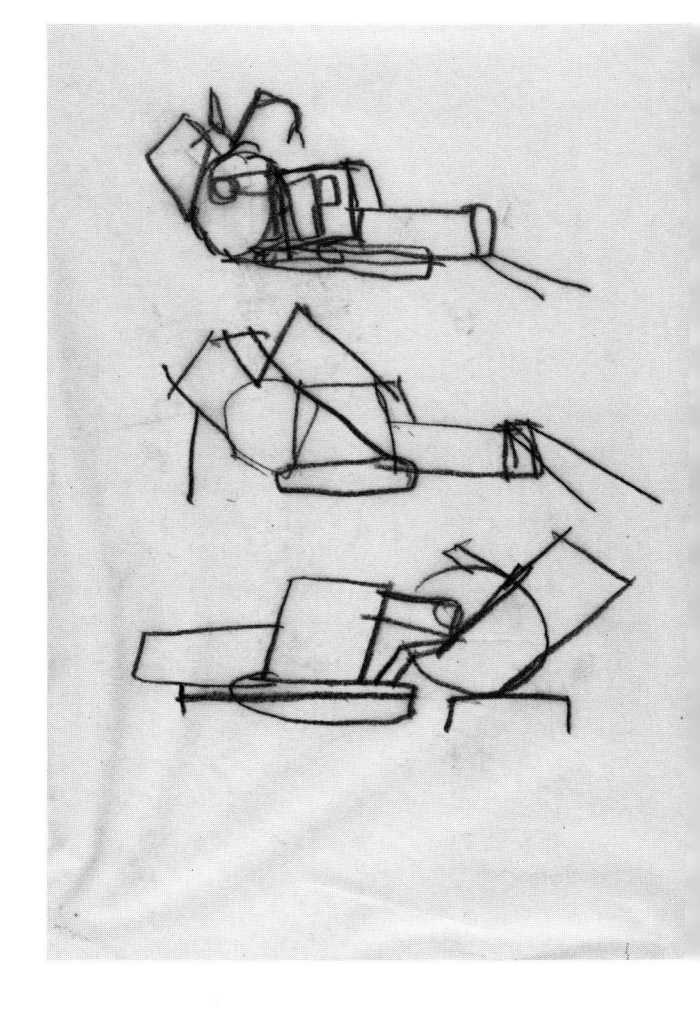

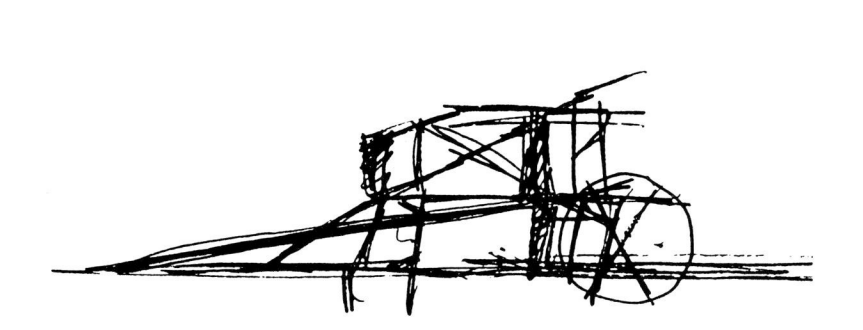

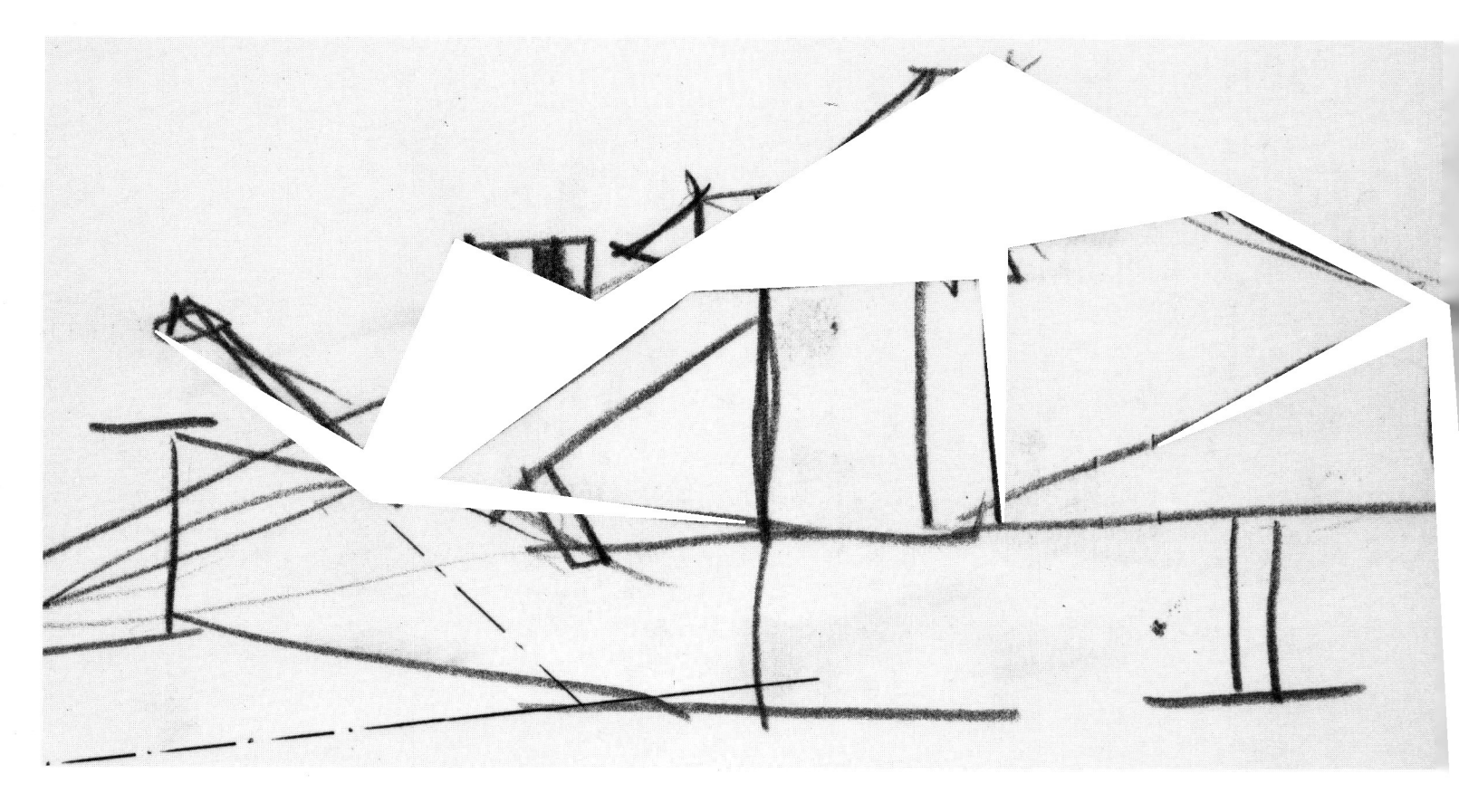

49

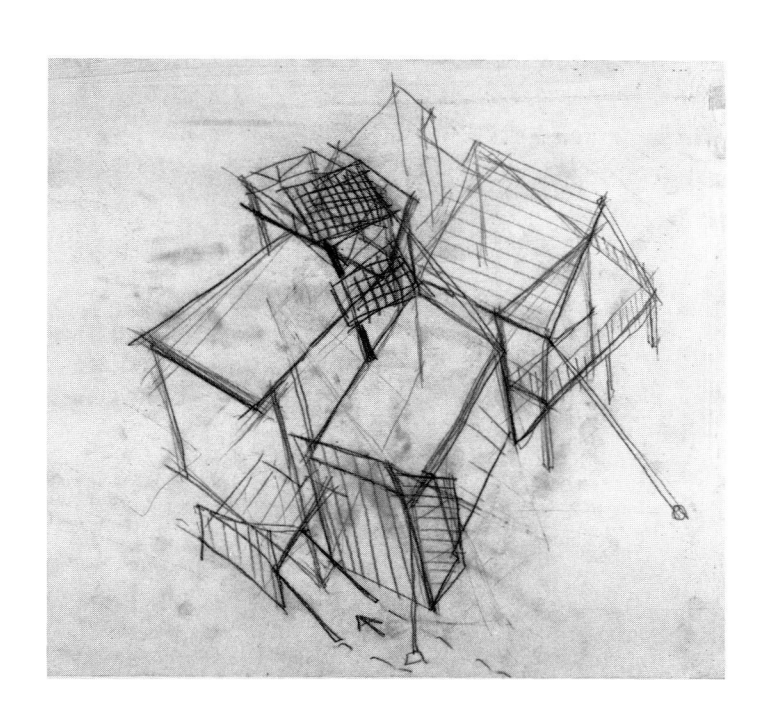

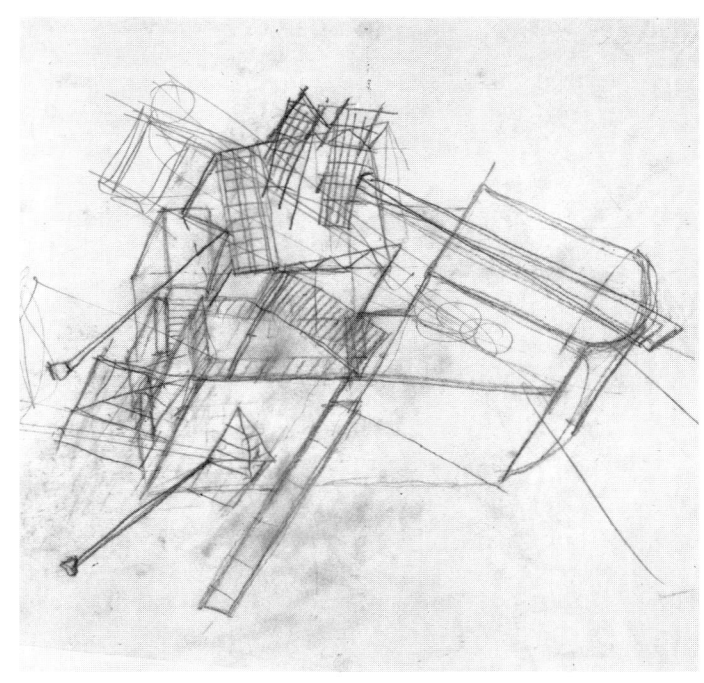

Architekturprojekt

Hafengebiet Breisach, 1989-90, Realisierungsprojekt

Entwurf (1988), Planung, Bauleitung:
Thomas Spiegelhalter, Berlin/Freiburg
Tragwerksplanung, Statik, CAD:
Harry Rheinberger, Freiburg

In einem Hafengebiet entsteht nach langen und aufwendigen Standortanfragen ein Gebäude in acht Ebenen für sieben Bewohner mit einer integrierten Medien- und Mehrzweckhalle. An anderer Stelle für unbrauchbar eingestufte Materialien, Elemente, Trag- oder Verbindungskonstruktionen finden hier ihre neue Bestimmung und Verwendung. Das nach standortklimatischen Erfordernissen modellierte Gelände fügt den durch seine zeitbewegte Formgebung landschaftsbezogenen Skulpturtrakt organisch in die Umgebung ein. Diese insektenhafte oder förderbaggerähnliche Bewegung ergibt sich aus der Überlagerung unterschiedlicher Raumkomplexe und ihrer Stützung, die der Erdschwere optisch entgegenwirken. Der so entstehende kinetische Eindruck wird von innen nach außen durch acht unterschiedliche Durchdringungsebenen und -körper sowie deren weithin sichtbare, bewachsene Zweipunktabstützung im Osten und dem angelenkten Raumfachwerk mit Freitreppe im Westen prozeßhaft verstärkt.

So wie in der integrierten Medienhalle die Musikformen und -partituren ständig neu überdacht werden, die die Sinfonie der „Großstadtdynamik" einerseits und elementare Naturklänge andererseits mit einbeziehen, so werden in und an dieser bewohnten Skulptur strukturelle Reize „recycelter" Baggerseegeometrien gezielt mit der Morphologie des spontan Organischen verschmolzen und sich selbst überlassen. Das, was dem Areal entnommen wurde, wird mit einem Vielfachen mehr an Fläche zurückgegeben: Der skulpturale Ort wird somit zum klimatisch-integrierten.

Architectural Project

Harbour Area Breisach, 1989-90, Project for realisation

Design (1988), Planning, Architect in charge:
Thomas Spiegelhalter, Berlin/Freiburg
Structural calculation and statics, CAD:
Harry Rheinberger, Freiburg

After long and complicated siting inquiries an eight-storied building for seven inhabitants with an integrated media- and multi-purpose hall is being constructed in an harbour area. Materials, elements, load-carrying and junction systems, which have been classified unsuitable to be used at other places find new use und utilization. The site modelled according to the requirements of local climatic conditions places the sculptural tract, which by reflecting its time is related to the landscape, organically in its environment. This movement which is similar to that of an insect or of a dredger results from the superimposition of different space complexes and their supporting structure, which optically counterbalance gravity. The kinetic impression thus created is reinforced by eight different penetrating levels and bodies, their two-point supporting in the east with plants and the attached structure with its flight of stairs in the west.

Just as in the integrated media hall the music and its scores, incorporating symphonic sounds of city life and the elemental sound of nature are constantly revised, so in and around this inhabited sculpture the structural charms of the "recycled" gravel pit geometry are merged with the morphology of organic growth and left to its own resources. What had been taken from this area, is given back to it by a multiple of space: the sculptural locus thereby becomes a climatically integrated one.

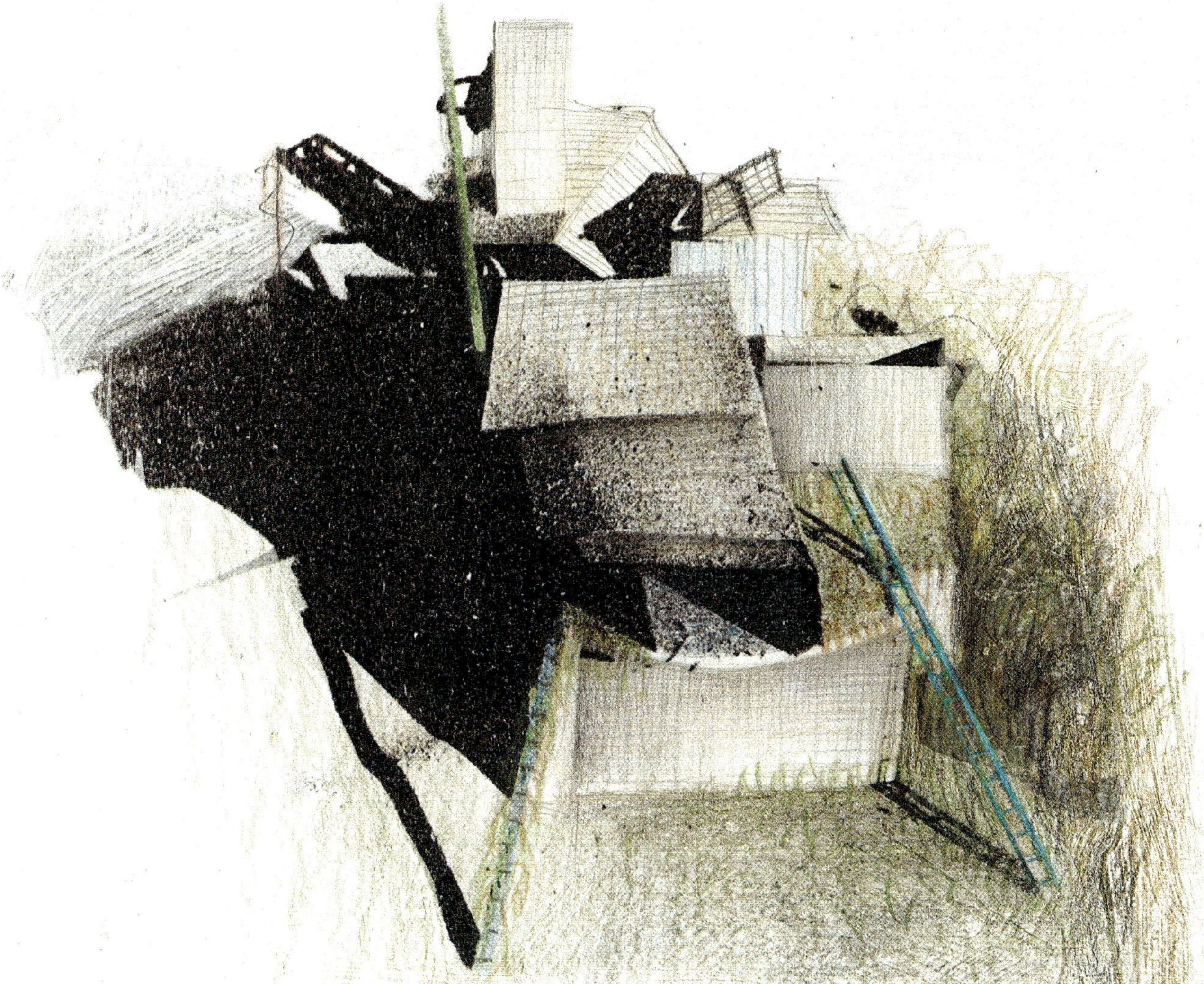

Architekturprojekt Breisach, Ansicht Nordwest, Modell

Architekturprojekt Breisach, Ansicht Nordost, Modell

Ansichten, Grundrisse, Schnitte

EG (2 Ebenen)
UG (1 Ebene)
ZG (2 Ebenen)
OG (3 Ebenen)
Schnitt

Gebäudedaten
Kubatur: 1350 m²
Wohn- und Nutzfläche: 240 m²

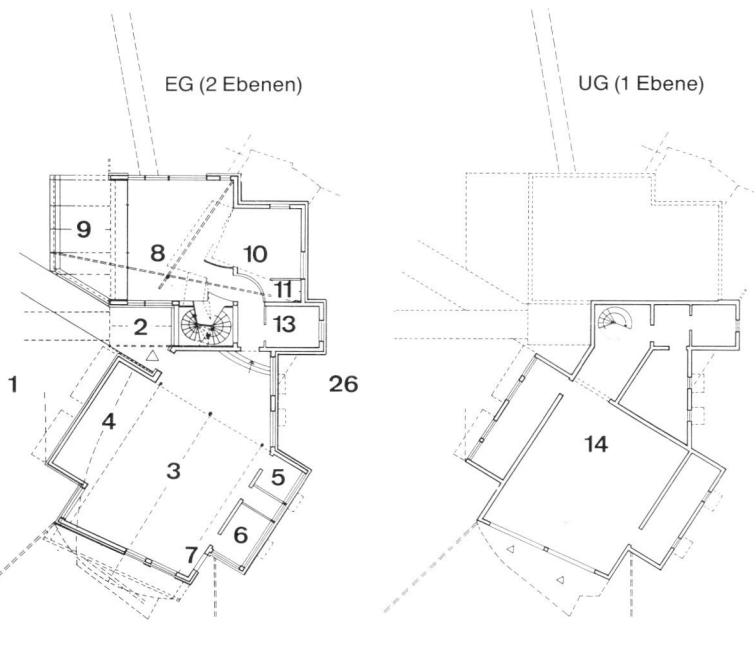

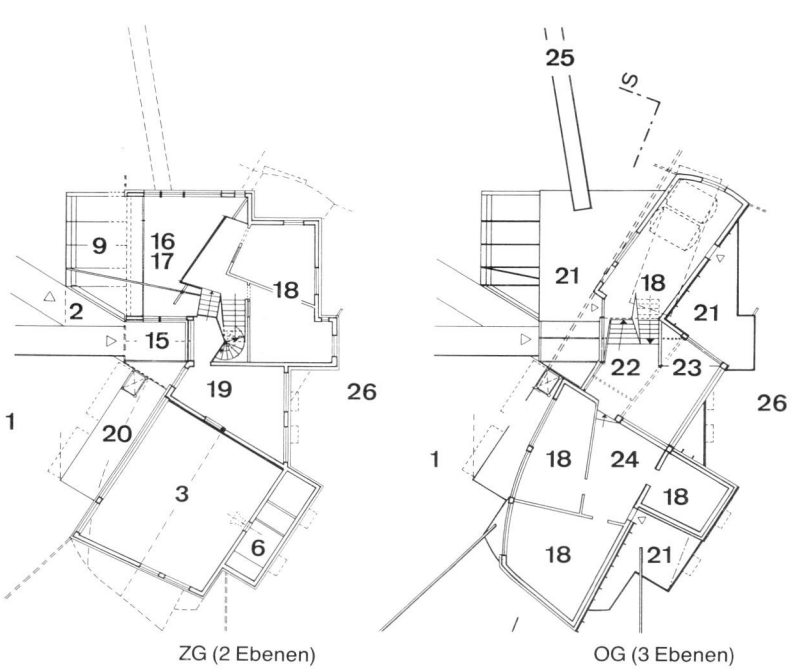

Erdgeschoß (2 Ebenen)
1 Teich mit Spontanflora und -fauna
2 Rampe und Vorraum unter der Wohneingangsbrücke zu der im Gelände vertieften Medien- und Mehrzweckhalle
3 Medien- und Mehrzweckhalle
4 Bühne
5 Hallentoilette
6 Projektions- und Geräteraum
7 Notausgang
8 Große Wohnhalle / Allraum
9 Solargewächshaus mit hängenden Gärten und Aquarien
10 Küche, Essen, offener Kamin verbunden zur Wohnhalle
11 Speisekammer
12 Verbindungsgang, Flur
13 Bad, WC

Untergeschoß (1 Ebene)
14 Tiefgarage, Fahrräder, Werk- und Bastelräume, Wasch- und Trockenräume, Haustechnische Zentrale

Zwischengeschoß (2 Ebenen)
15 Rampenbrücke und solarverglaster Haupteingang zum Treppen- und Wohnbereich
16 Luftraum / Wohnhalle
17 Galerie
18 Wohnen
19 Raum für besondere Verwendung
20 Regenwasser-Sammelanlage

Dachgeschoß (3 Ebenen)
21 Sonnendeck, Pflanzterrassen, extensive Fassaden-, Wand- und Dachbegrünung
22 Solarverglaste Treppen- und Spielräume mit zahlreichen Aus- und Durchblicken
23 Tropenbad, Technische Installationen, WC
24 Verbindungsraum, Flur, Spielflächen
25 Raumfachwerkträger, Laufsteg mit Treppenplastik zum Freiraum
26 Geländemodellierung, Windschutzhecken und -pflanzen
27 Skulpturale Installationen

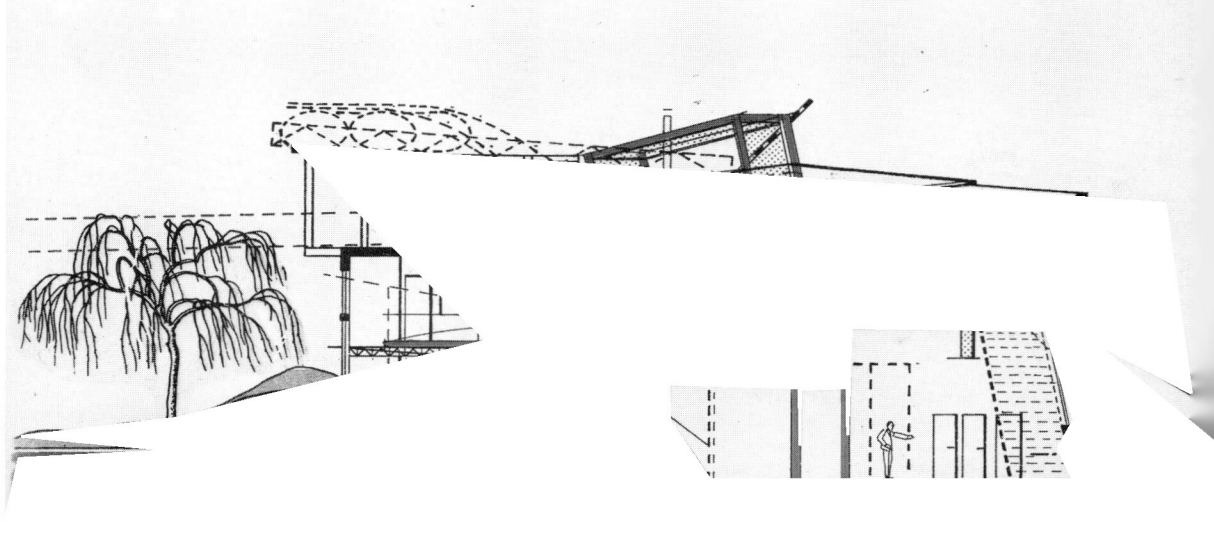

Zuordnung der Räume und Ebenen
Die größtenteils solarverglaste Längsfront, die Ost-West-Zeile des Skulpturtrakts, orientiert und öffnet sich im Südbereich zur Sonne, ermöglicht ganzjährige passive und aktive Sonnenenergienutzung.

Integrierte Vakuumkollektoren und dazu geschaltete Speicherkessel im südwestlichen Kopfbereich sowie photovoltaische Systeme zur Stromgewinnung und andere Umwelttechnologien kontrastieren das zeitabhängige Entstehen der jeweiligen Pflanzenbiotope im Innern der Skulptur, an Fassaden, Stellagen, Gerüsten und begehbaren Terrassen.

Sonnenenergieanlage, Tropenbad, WC, Küche, Ver- und Entsorgungsräume, Abluft- und Abwasserrückgewinnung, Sammler für organische Abfälle bilden von oben nach unten über mehrere in sich versetzte Raumebenen eine technische Einheit.

Als Wohnlabor mit zahlreichen intro- und extrovertierten Räumen ausgeführt, beherbergt der Skulpturtrakt nicht nur Experimentierbereiche für die Nutzungsanwendung von Regenerativenergien, oder Bereiche für Pionierpflanzungen und Kleintiere, sondern beherbergt ebenso offene und ungeplante Räume – Übergangsräume, die für die „Zukunft" freigehalten sind.

Vertikales-diagonales Erschließungselement aller Durchdringungsebenen und -körper ist die Eingangs- und Treppenhalle, die ihrerseits über eine geschwungene, federnde Stahlrampenbrücke mit der solarverglasten Wohnhalle im Südwesten und über eine behindertengerechte Rampe mit der im Gelände vertieften Medienhalle im Osten verbunden ist.

Ostansicht, Blick auf und in den Medien- und Mehrzweckraum (Modell)

Ansichtsskizze Südost (Solarverglaste Längsfront)

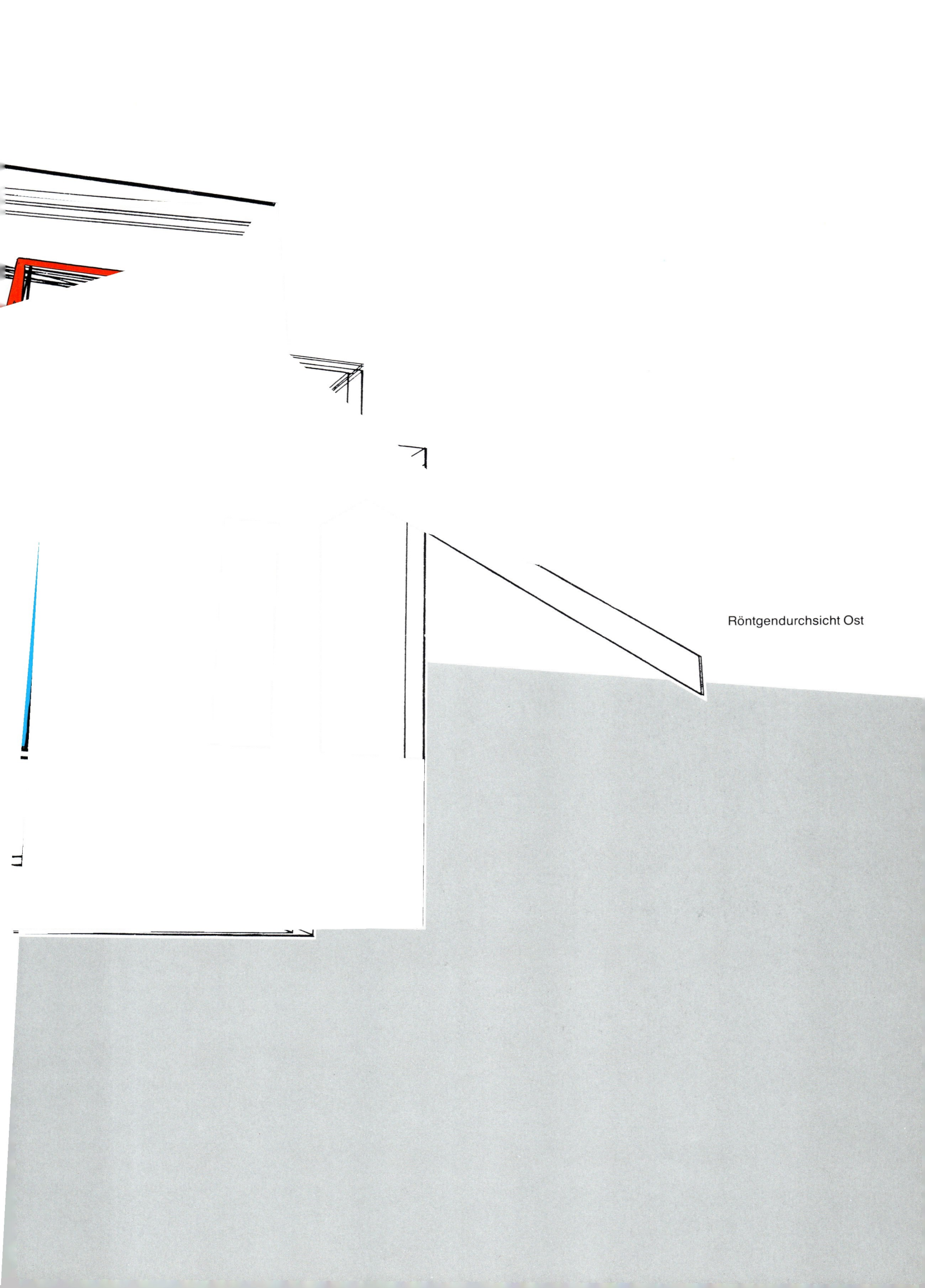

Röntgendurchsicht Ost

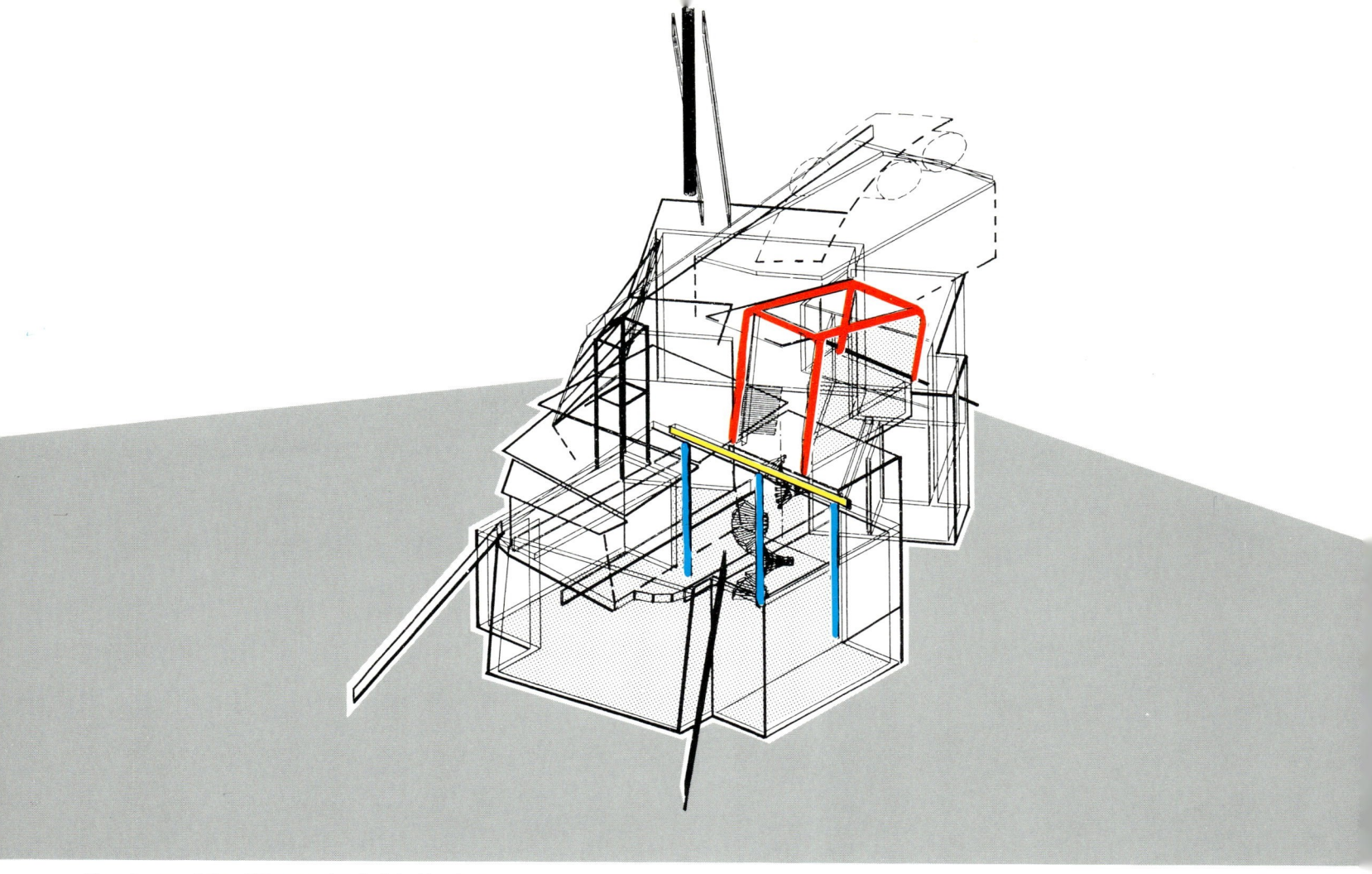

Vogelperspektive, Röntgendurchsicht Nordost

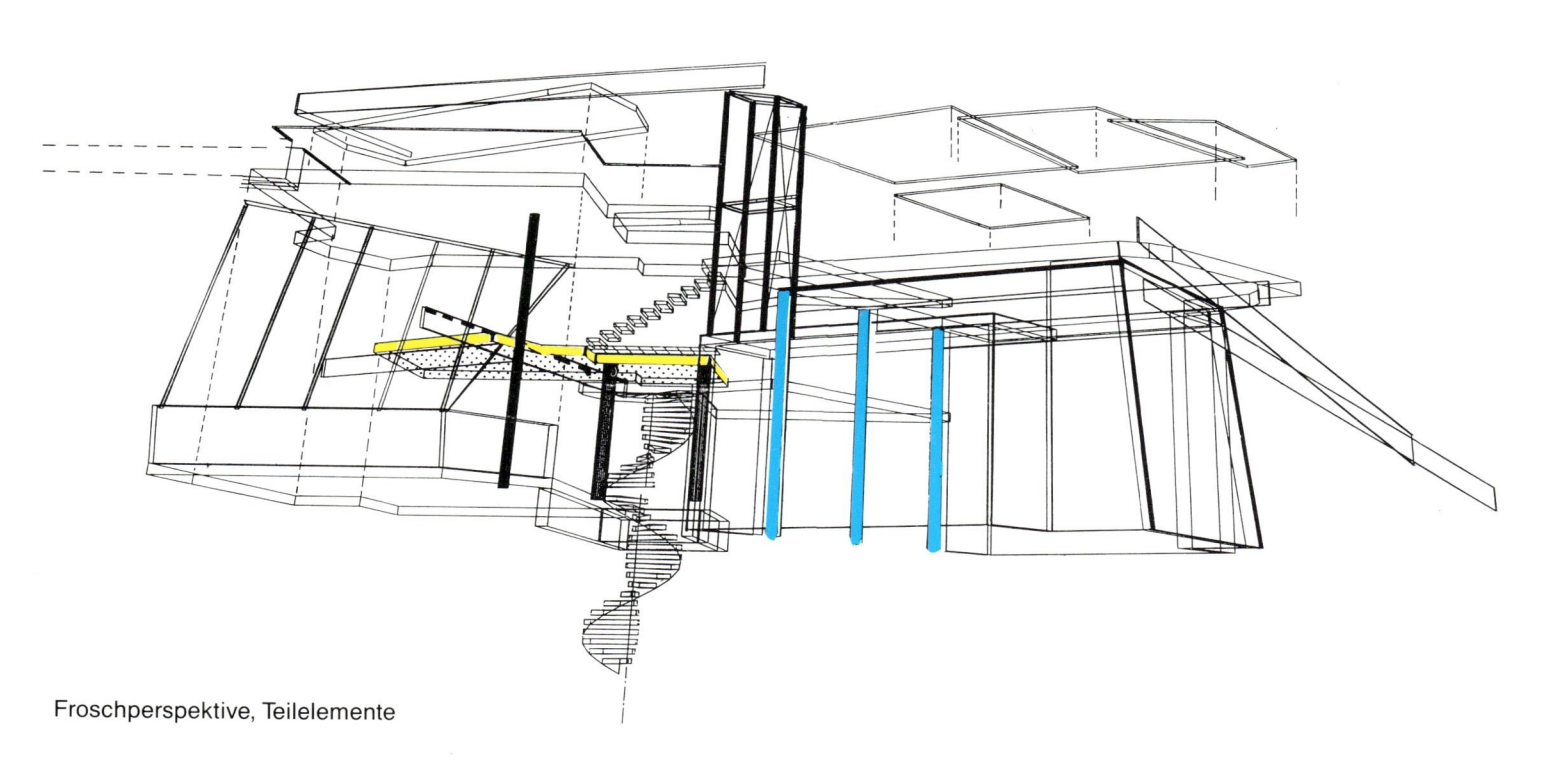

Froschperspektive, Teilelemente

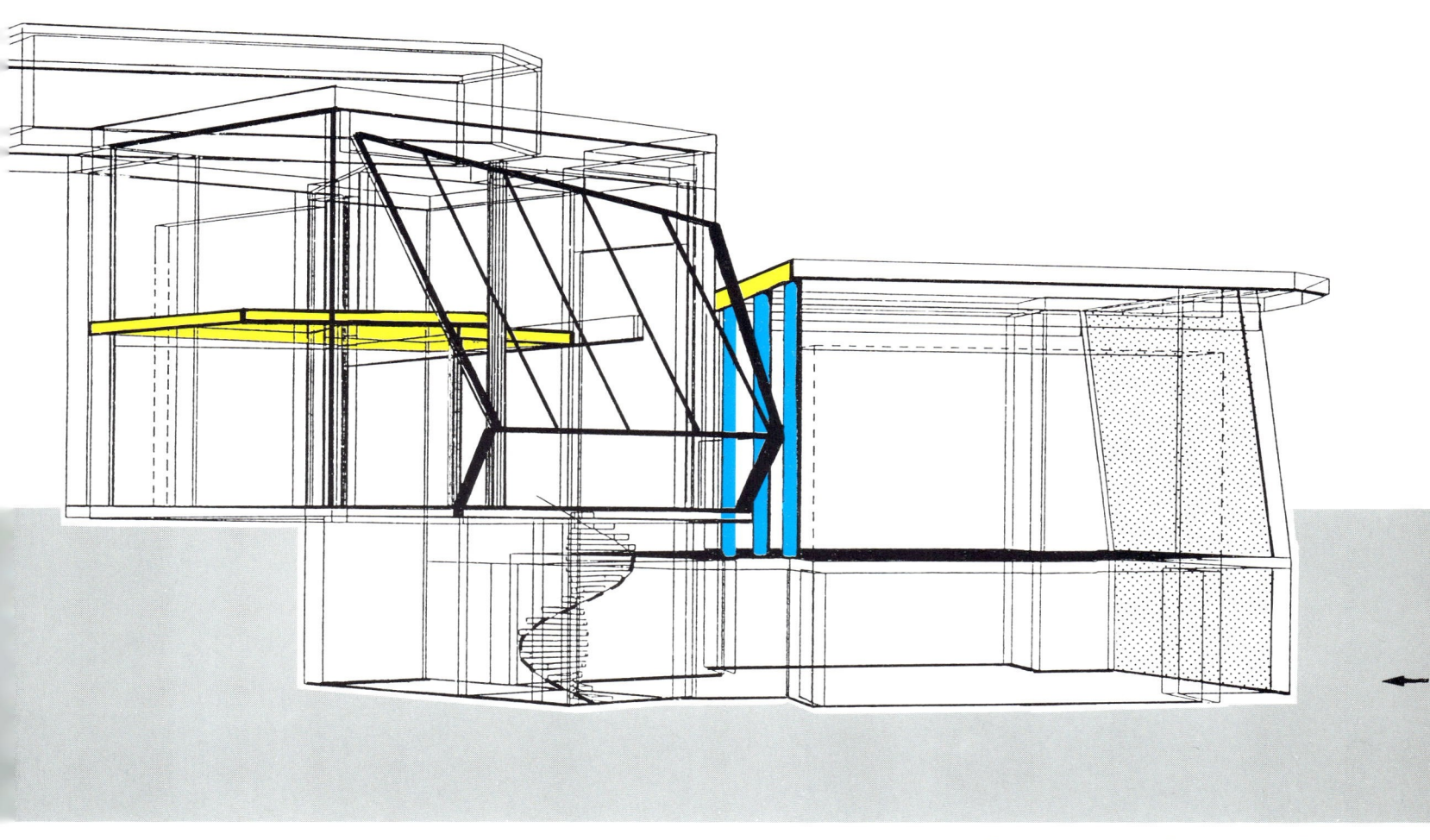

Froschperspektive, Blick in den Keller
und die Wohn- und Medienhalle

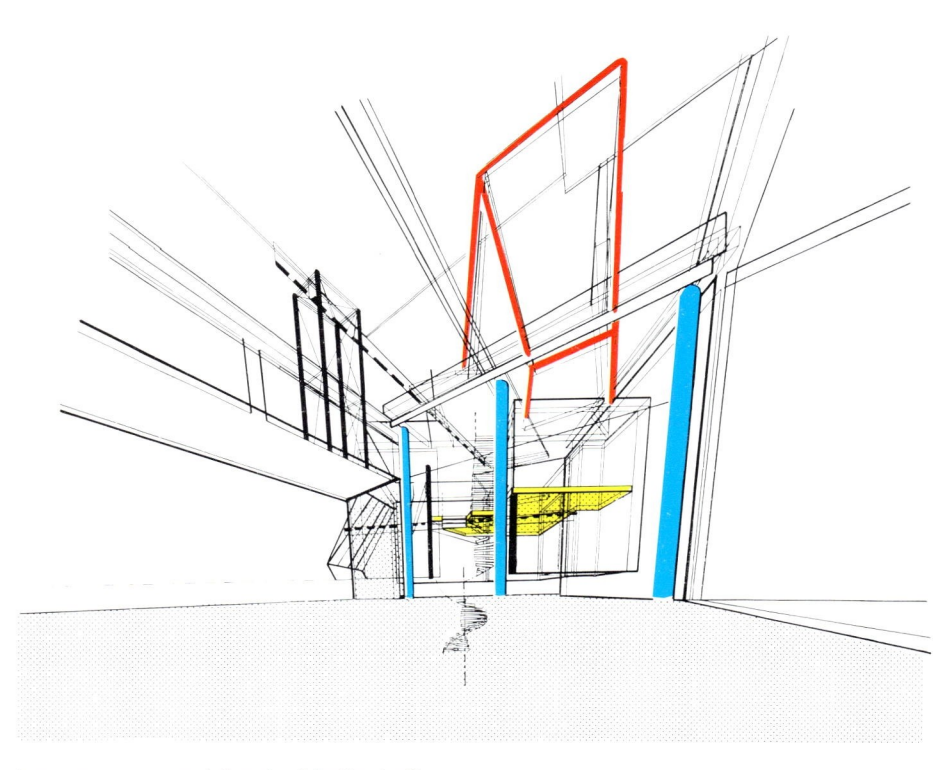

Innenraumperspektive der Medienhalle

59

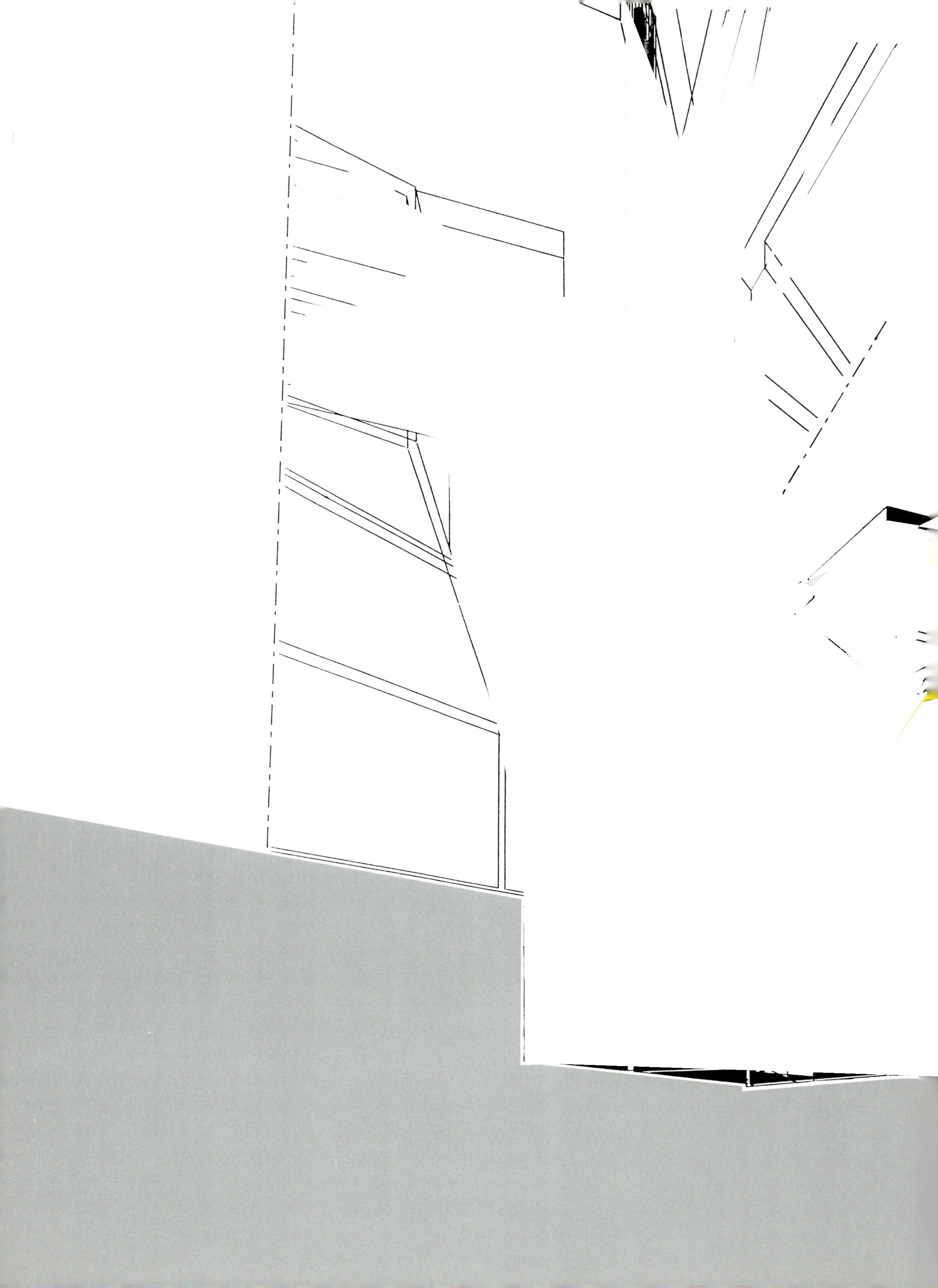

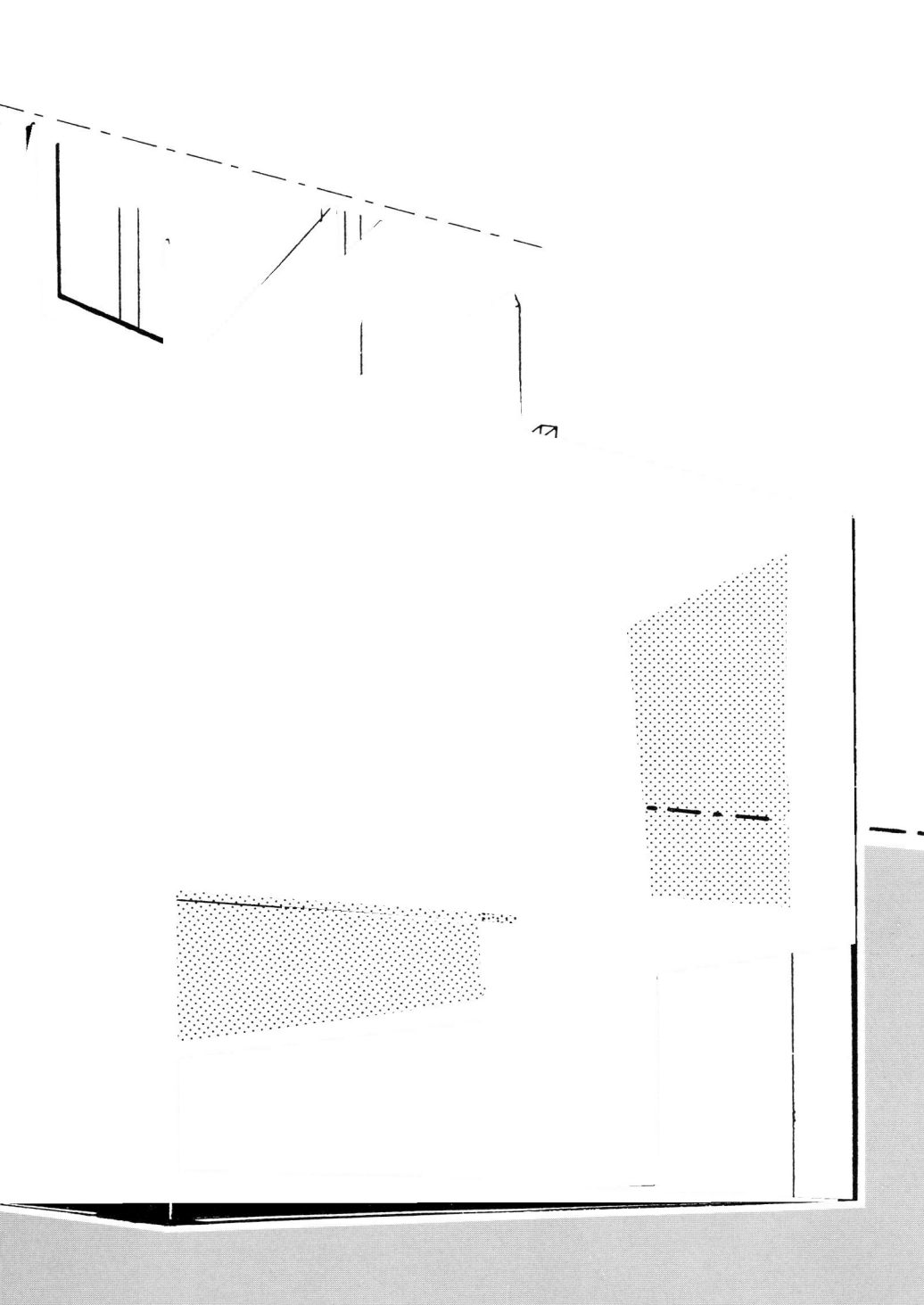

Röntgendurchsicht, Treppen und Medienhalle

_ _ _ _000

Kieswerkobjekte
Installationen

Zimmer frei, Wohnkomplex II, 1988

Entwurfszeichnung zur „Überlagerung" und Weiterentwicklung von Konstruktionselementen

Entwurfszeichnung des verglasten Wohnkomplexes

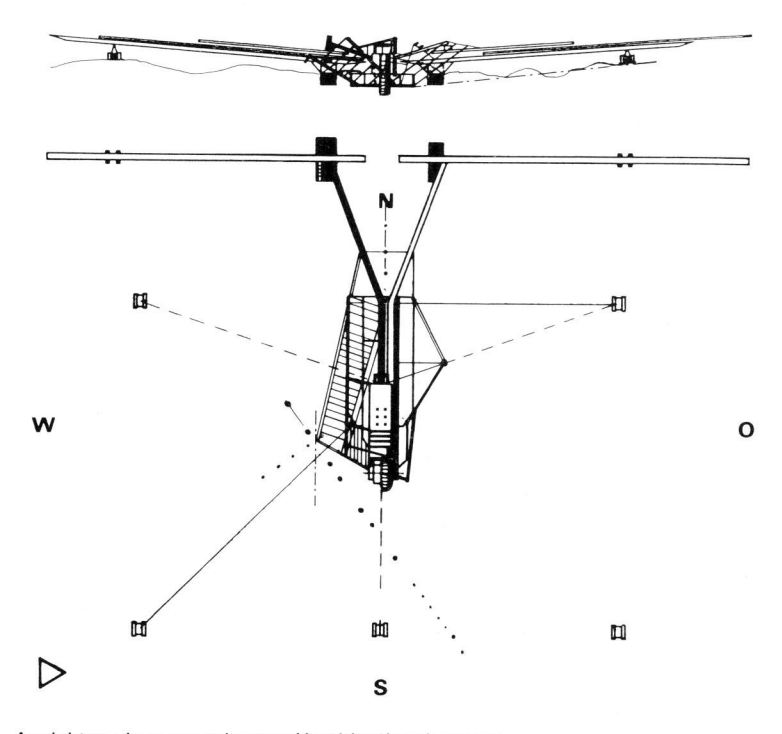

Ansichten eines umgebauten Kombinationsbaggers

Skulptur im Kieswerk; Material: Pappel 350 x 20 x 20 cm

space diagonal-vertical XV, 1988

Vorderansicht des Wohn- und Arbeitskomplexes:
Eingangstreppe und -rampe

Modellausschnitt der Innenarchitektur

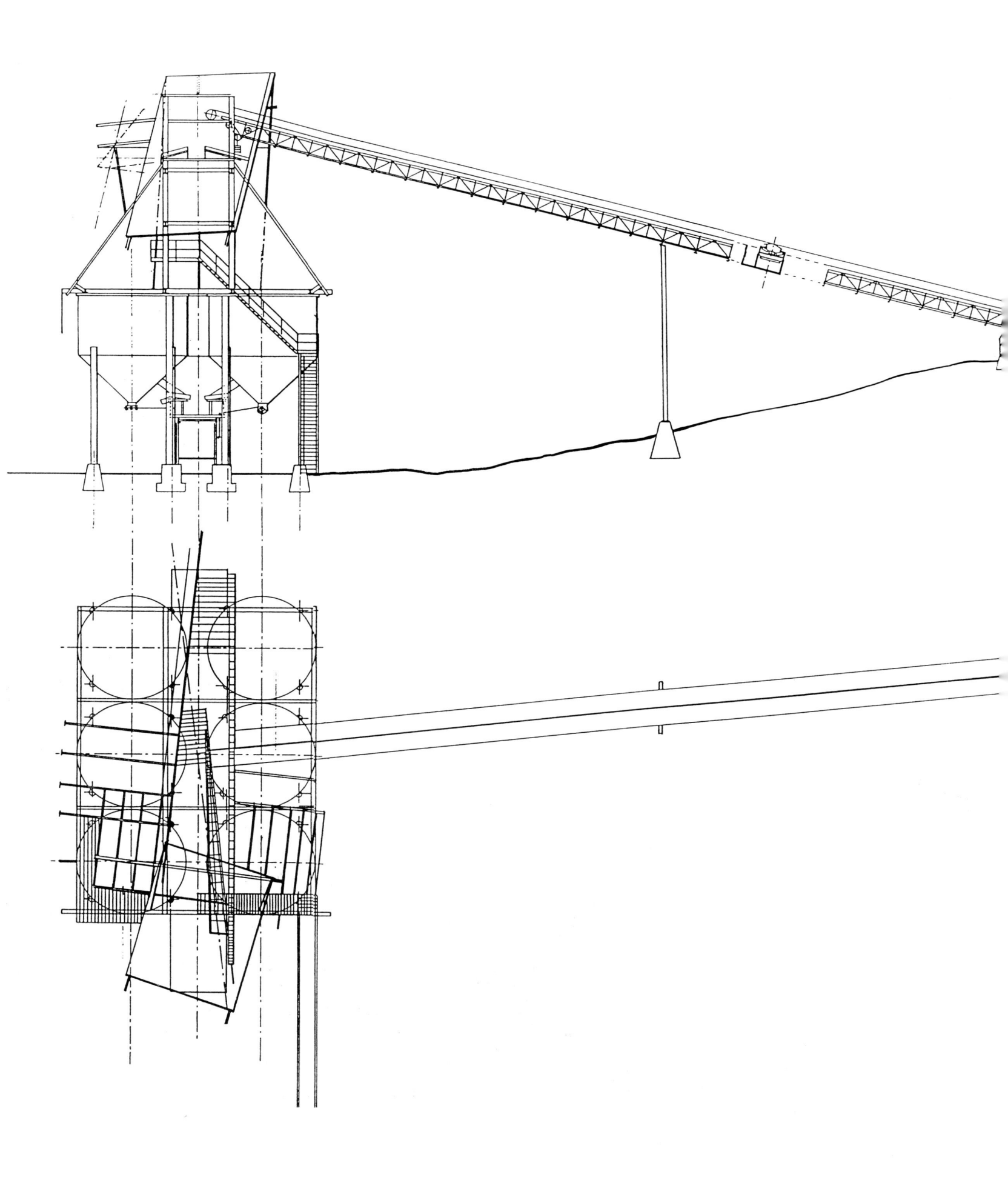

Schottersculptur; Umgebautes Kies- und Schotterwerk, Projekt 1989;
Seitenansicht, Schnitt und Draufsicht

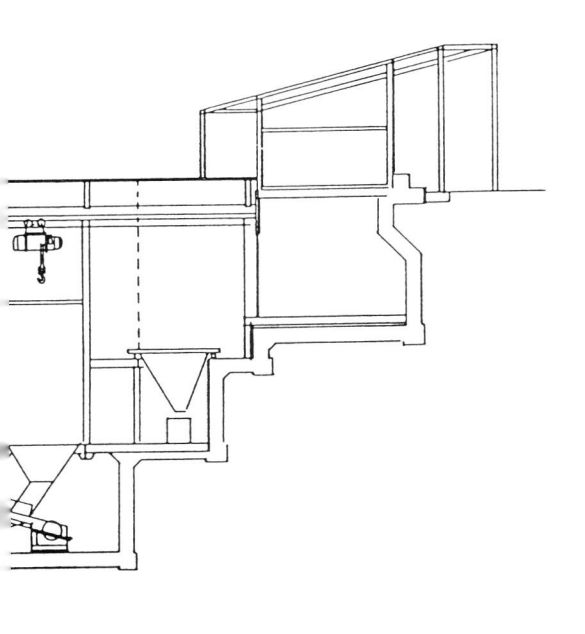

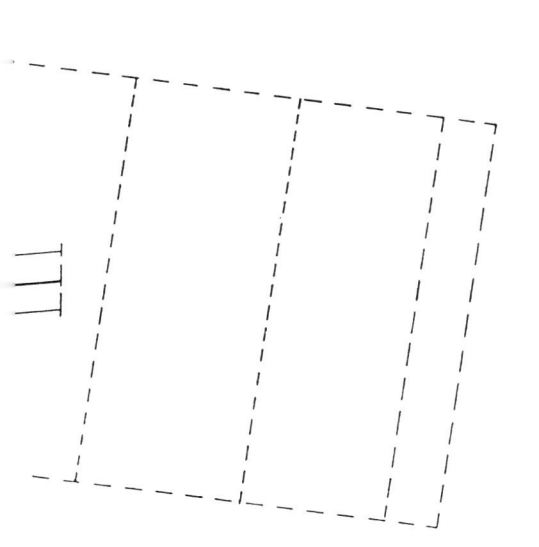

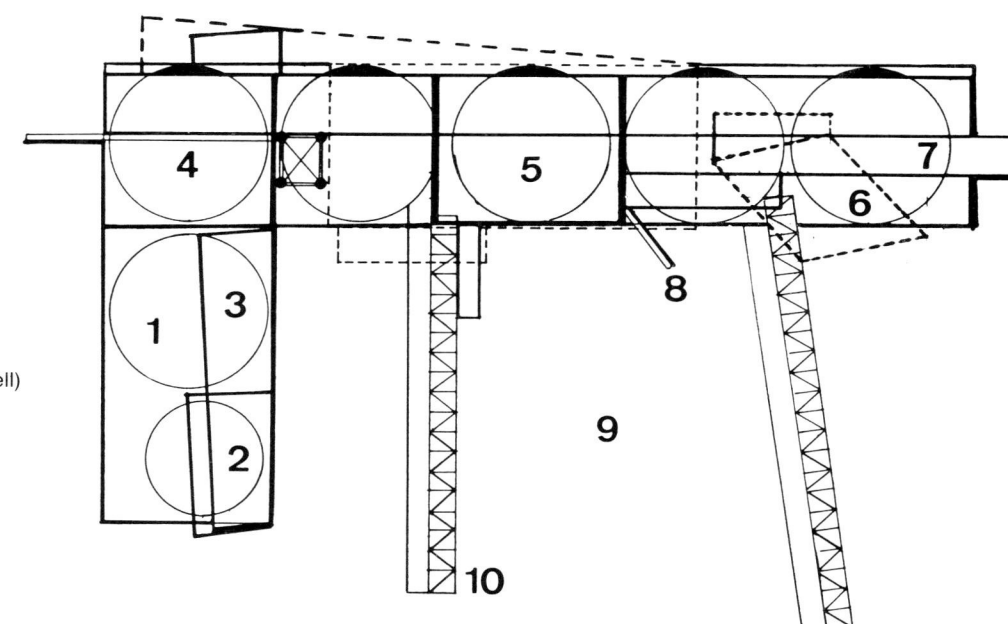

Bewohnbare Landschaftsplastik (Modell)
1 Siloaufbau
2 Terrasse
3 Bepflanzung
4 Wohnen
5 Wohnen
6 Arbeiten, Labor
7 Hebebühne
8 Regenwasserabfluß
9 Montagehof
10 Eingangstreppe, Aufgangsrampe

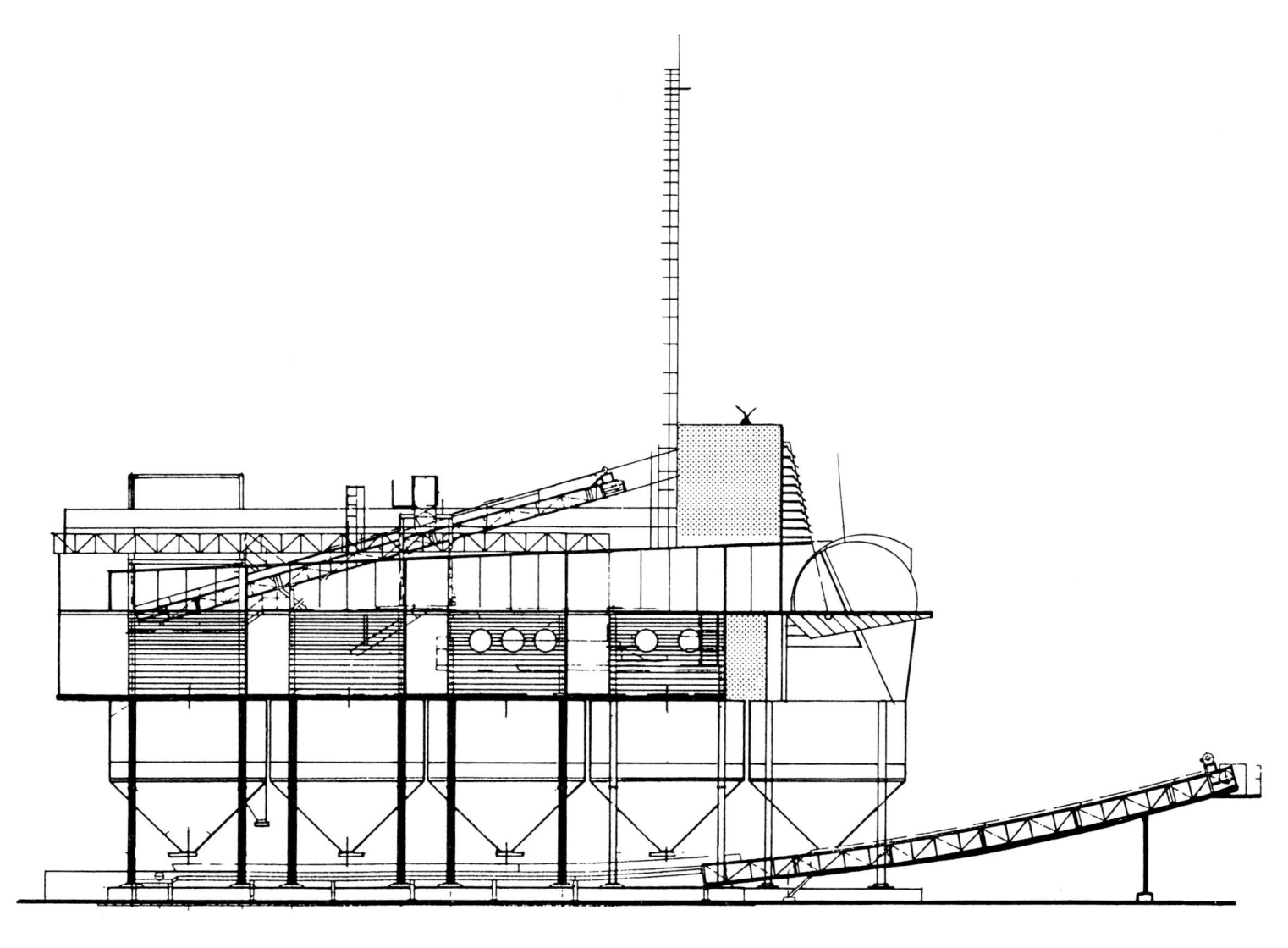

Forschungsstation, Projektzeichnungen 1989

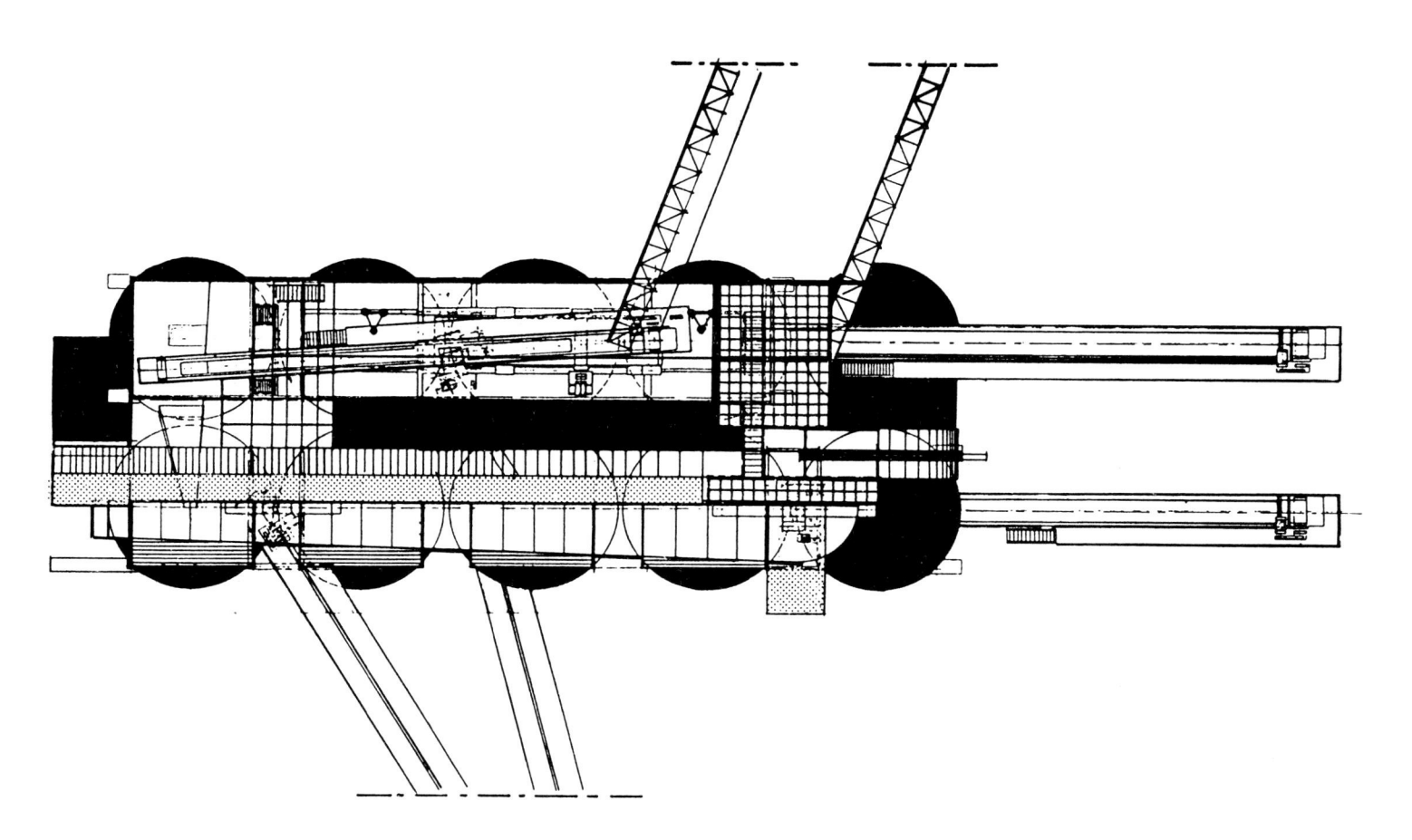

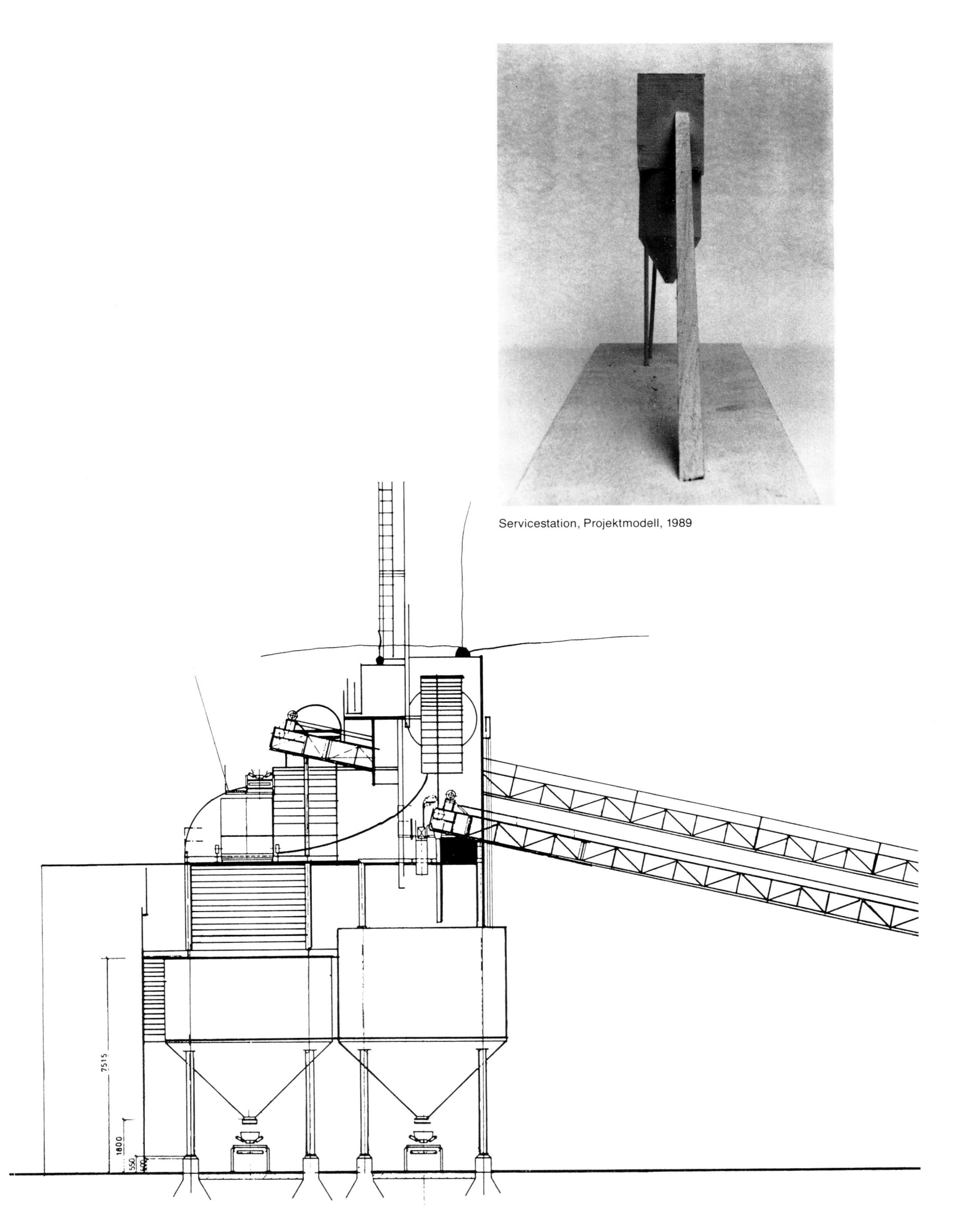

Servicestation, Projektmodell, 1989

„Selbstversorger in den Bergen", Projektmodell 1989. Die Ständer sind die Traggerüste für die Solarverglasung. Am Siloaufbau befindet sich die Aussichtsplattform.

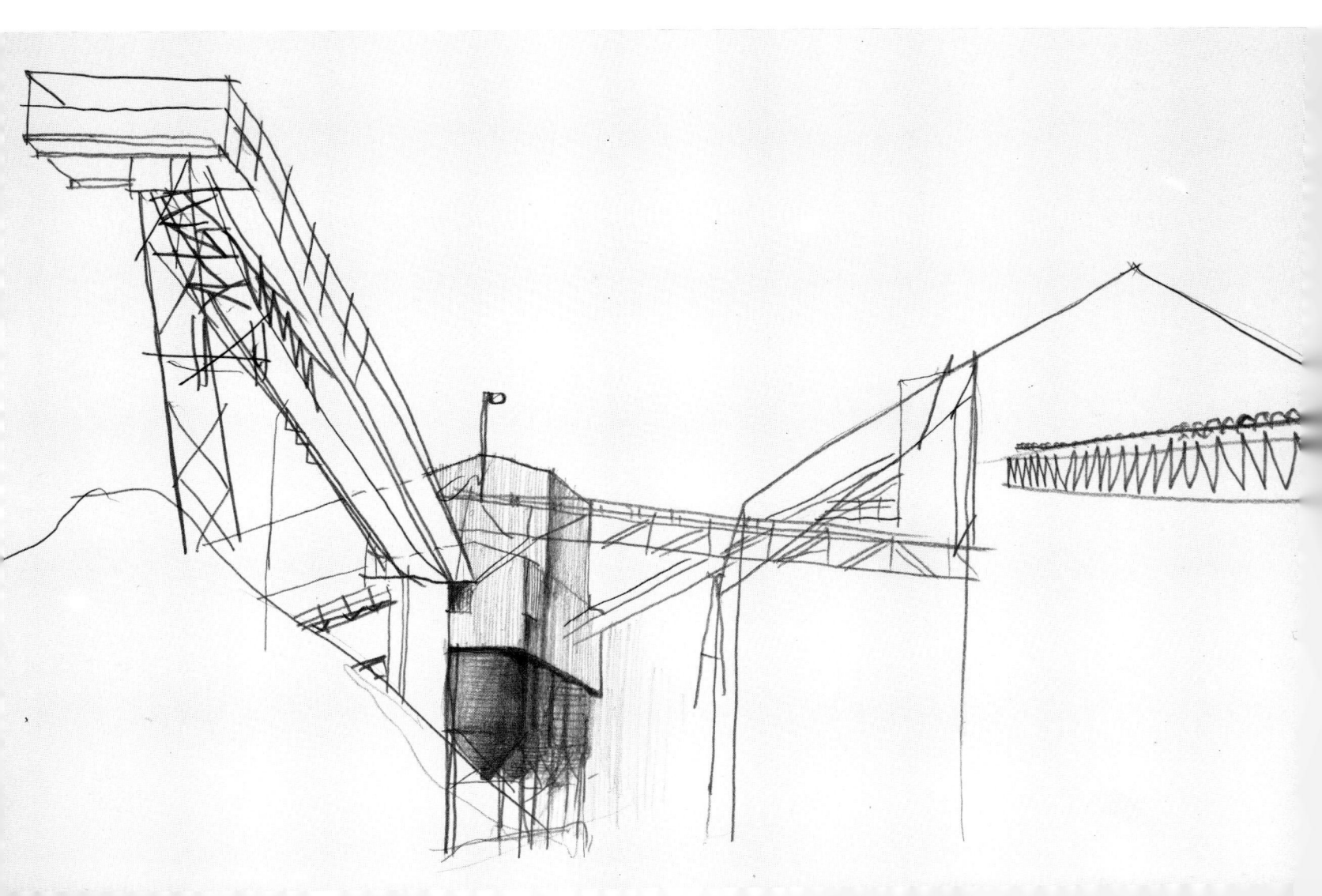

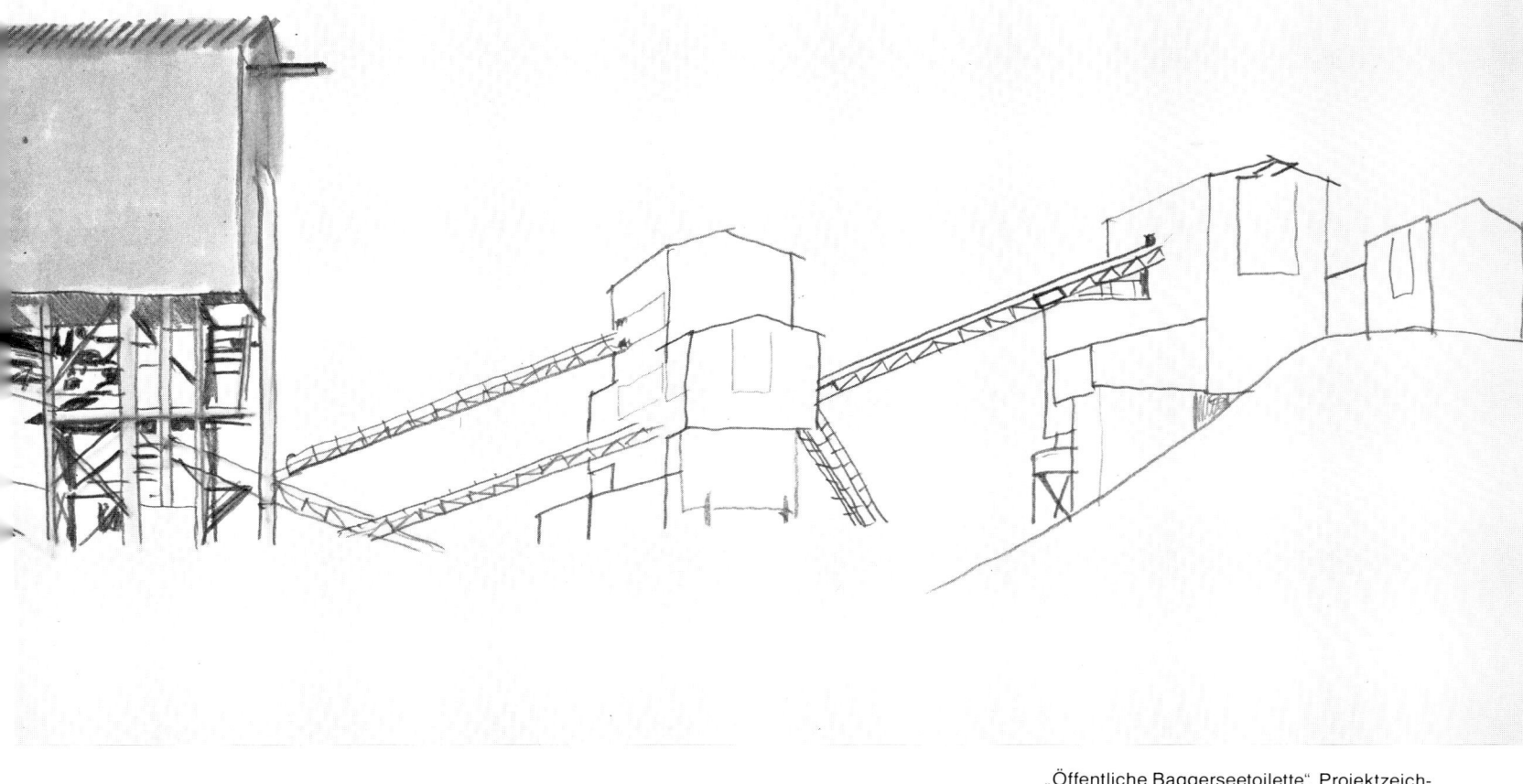

„Öffentliche Baggerseetoilette", Projektzeichnung. Im Hintergrund Wohntrakte auf Stelzen

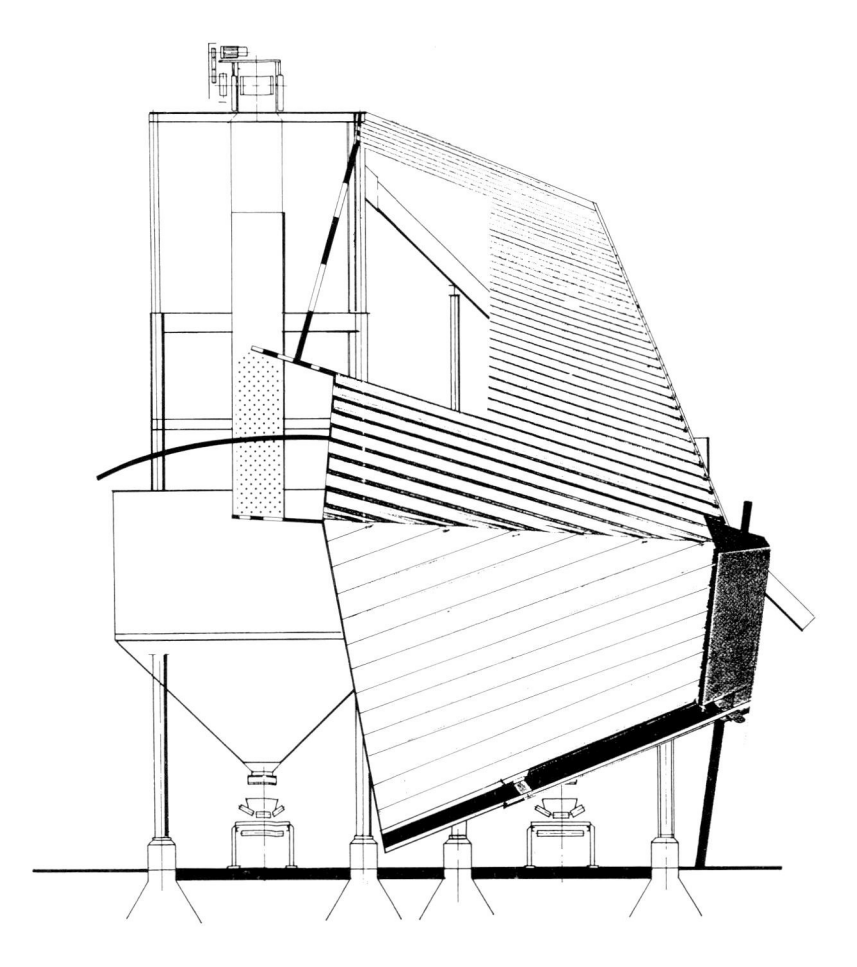

„Wohntrakt", Entwurfszeichnung

„Drop-off" Umkleidekabine für Badegäste, Entwurfszeichnung, 1989

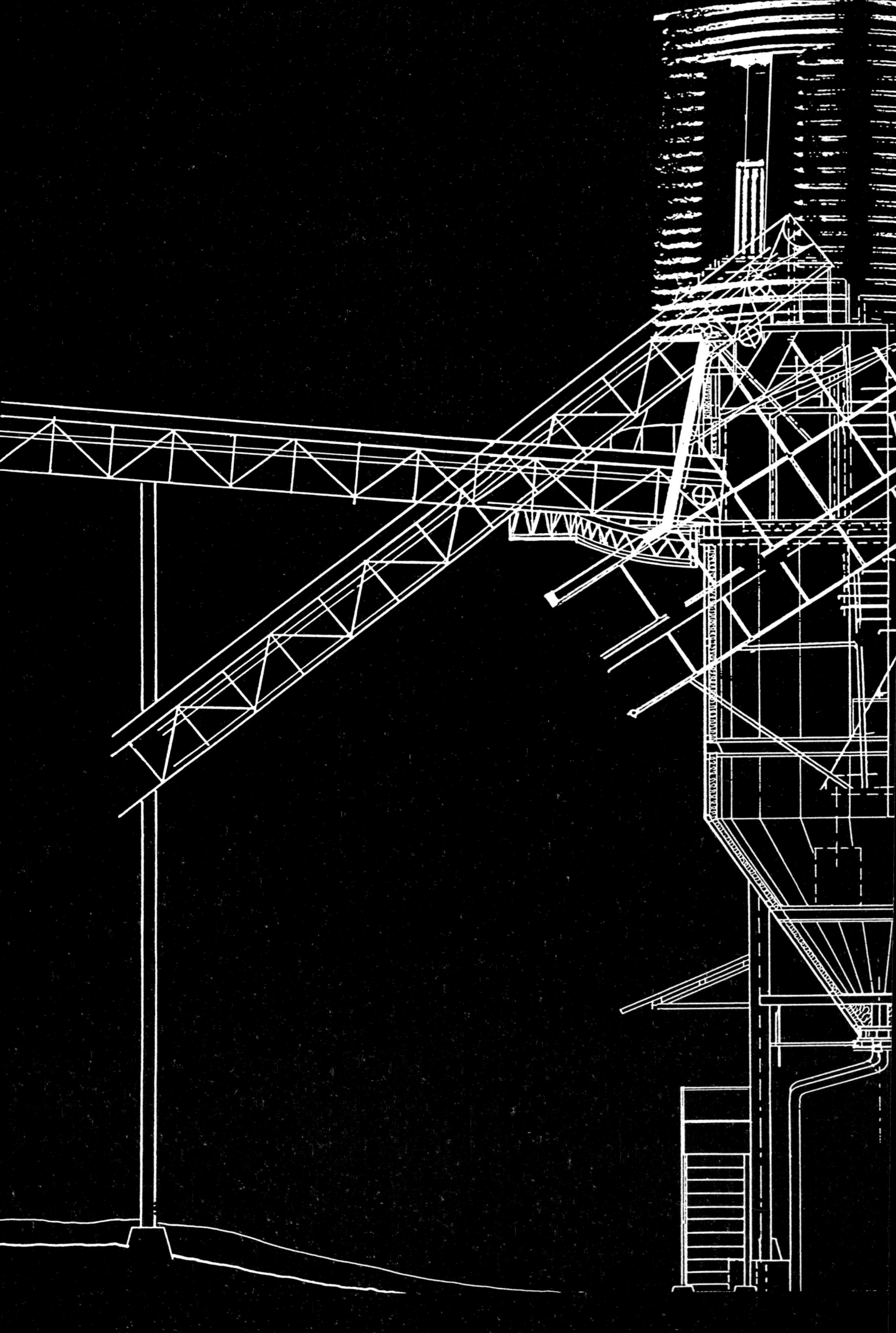

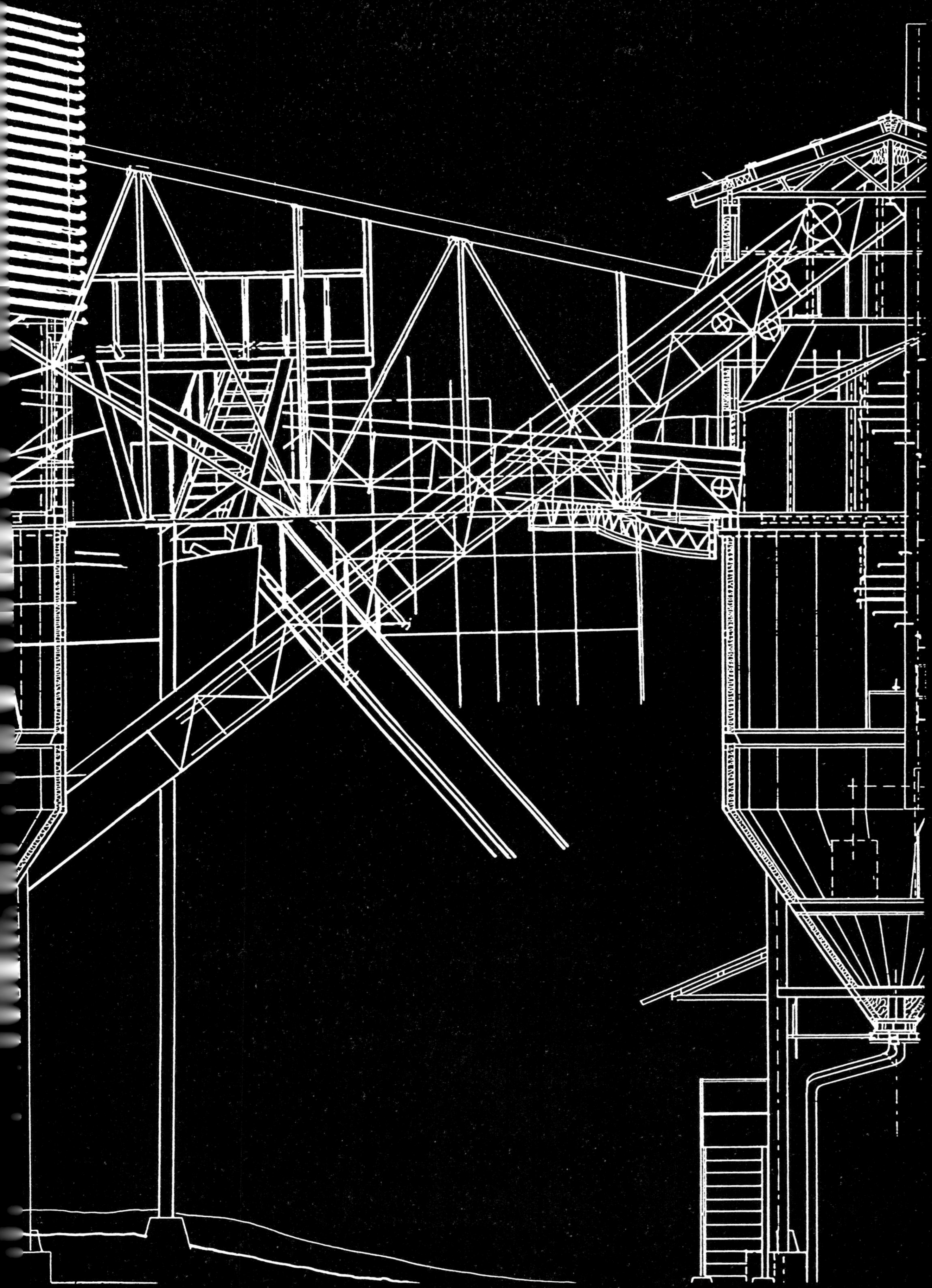

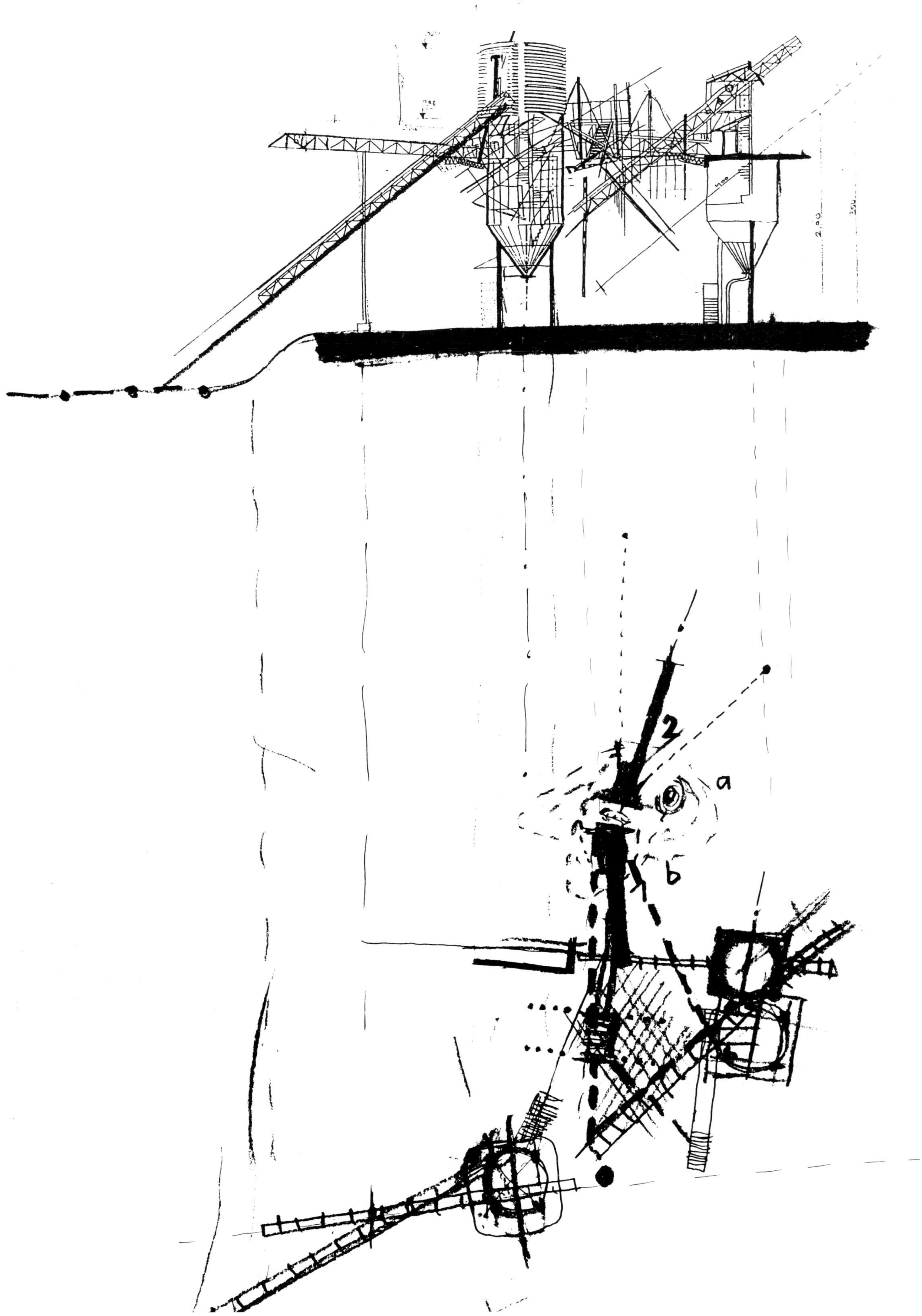
2
a
b

Projekt „sablière", Raumskulpturen; Material: Holz, Metall, Sand, Kies und Farbe, 10 x 10 x 4,5 m

74

„Raststätte", 1989, Material: Stahlblech, Eisen; Durchmesser 0,7 m, Höhe 3,3 m

Illustrierte Biographie

Illustrated Biography

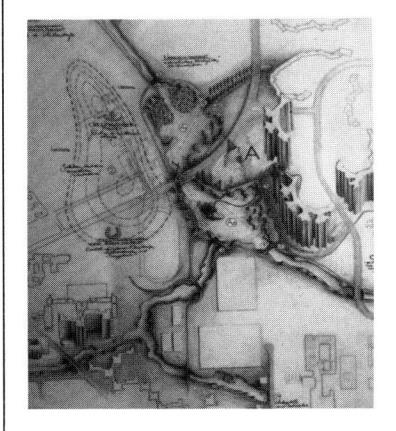

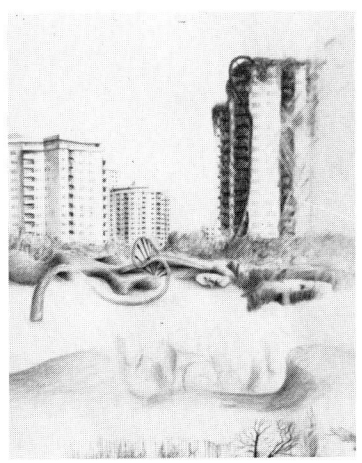

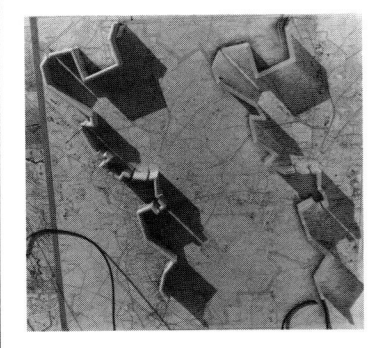

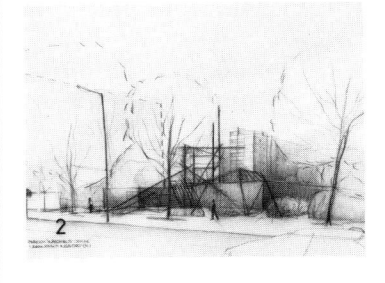

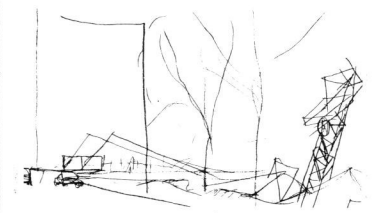

1985/86
1. Preis im Schinkelwettbewerb der Sparte „Kunst und Bauen", Berlin/Märkisches Viertel (Planausschnitt)

1986
Gestaltungsvorschlag „Kunst am Platz", Groß-Gerau (Modellausschnitt)

1987
1. Preis im Internationalen Wettbewerb zur behutsamen Verstädterung der Berliner Mauer (Mythos Berlin, NGbK u.a.)
„Eismauer" – zur Ästhetik des Verschwindens (P. Virilio) (Modellausschnitt)

1988
Gutachten/Beiratsverfahren „WHG-910/Gisel" zur Wohnumfeldverbesserung und Hochhausumgestaltung im Märkischen Viertel Berlin (Planausschnitt)

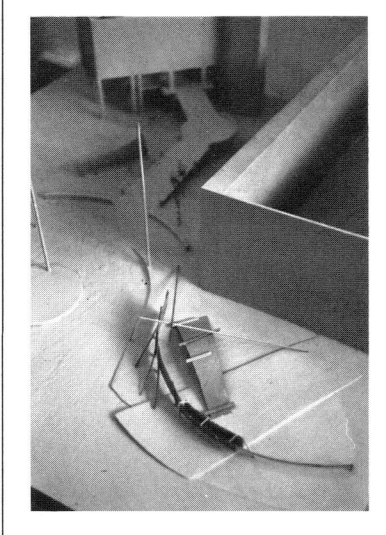

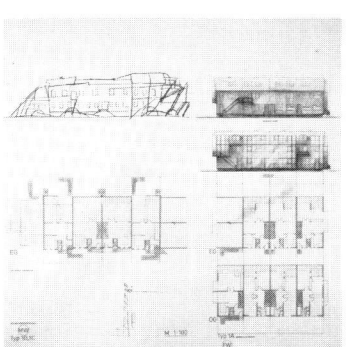

1988
„Westend-Komplexbrigade" Installation auf dem Gleisgelände des Künstlerbahnhofs der Karl-Hofer-Gesellschaft Berlin zur E 88 (Ausschnitt)

1988
2. Preis im Realisierungswettbewerb „Kunst am Bau", Erweiterungsbau Landratsamt Freiburg i.Br. (Modellausschnitt)

1989
„Logo-Motiv", Sonderankauf im Städtebauwettbewerb der Stadt Weil am Rhein (mit G. Dürr, Freiburg) (Ausschnitt)

1989/90
Energiesparhaus (Realisierung) mit künstlerischen und solartechnischen Installationen, Stadt Breisach a. Rh. (Modellansicht Ost u. Nord)

77

Besonderen Dank für die Unterstützung bei der Realisierung von Projekten:
Vera Mahlstedt, Freiburg/Bremen
Michael Uhl, Breisach a. Rh.
Prof. Ludwig Thürmer und Prof. Jasper Halfmann, Berlin
Gerd Dürr, Architekt/Stadtplaner, Freiburg
Prof. Dr. K.-H. Menzen, Freiburg
Christian Kuppke, Susanne Christiansen, Robert Krokowski, Berlin
Studio 48 Südwest, A. u. F. Lindlar, Freiburg
Harry Rheinberger, Ingenieurgruppe Egloff, Freiburg
techNetics, Michael Kreiensen, Freiburg
Andy Hermann, Hydrologe, Freiburg
Ellen Seifermann, Klaus Kapp, Freiburg
Ulrich Puritz, Berlin
Andreas Graffelder, Kassel
Prof. Hermann Wiesler, Berlin
Mathias Glatzel, Uli Weber, Prof. W. Rambsbott, Berlin
Prof. Uwe Süchting, Bremen
Poldi Rombach, St. Peter/Schw.
Jan Bomann, Freiburg
J. Heine, Kieswerk, Nienburg a. d. Weser
BBK-Werkstatt e. V. Freiburg
BKS Duisburg
Kieswerk Uhl, Breisach a. Rh.
Karl-Hofer-Gesellschaft Berlin

Veröffentlichungen und Beiträge

P. Voss, „Schöner Wohnen im Beton Berlin", Bericht und Interview über die Schinkelpreise im Städtebau sowie Kunst und Bauen, ZDF „heute journal", März 1986

„Internationaler Ideenwettbewerb zur behutsamen Verstädterung der Berliner Mauer", RIAS Berlin; März 1987

P. Krieg, V. Blankenburg, „Ausstellung Porphyrit, Galerie Schloß Rimsingen" SWF II Kultur, August 1987

L. Juckl, Katalog: „Schinkelwettbewerb 1985/86: Märkisches Viertel", Schinkelstiftung AIV-Berlin, März 1986

H. Moldenschardt, Manfred Sack, Katalog: Rudolf-Lodders-Preis 1985, Lodders-Stiftung Hamburg, Mai 1985

Bauwelt, „Internationaler Wettbewerb zur behutsamen Verstädterung der Berliner Mauer: Eis-Mauer", Heft Nr. 11 und 12, 1987

DER SPIEGEL, „Der Russe von hinten: Künstlerwettbewerb zur behutsamen Verstädterung des Betonwalls" Nr. 15, 1987

Ludovica Scarpa, Katalog: „Mythos Berlin: Konturen. Anmerkungen zu einem Wettbewerb", Verlag Ästhetik und Kommunikation Berlin, 1987

Sonderdruck zur Ausstellung „Westend-Komplexbrigade", Künstlerwerkstatt der Karl-Hofer-Gesellschaft, Armonies-Verlag Berlin, 1988

Karl-Heinz Menzen, „ Vom Umgang mit Bildern" Claus-Richter-Verlag Köln, 1990

Thomas Spiegelhalter, In: „Komplexbrigade"Zeitschrift für Topologie und Störungskunde, D.T.D.: ExPositionen, Hrsg. Ch. Kuppke und R. Krokowski, Armonies Verlag Berlin, Juni 1988

Projekte, Ausstellungen, Preise

Seit **1974** Entwurf und Realisierung von Plastiken, Skulpturen, Objekten, Räumen; **1977-82** Tätigkeiten in der Rekonstruktion, Gestaltung und Instandsetzung von technischen und historischen Kultur- und Bauobjekten (Italien, Schweiz, Süddeutschland); **1979** Bau einer Werkhalle für Bildhauerei in der Nähe Freiburgs; seit **1980** Beobachtung der Bestandsentwicklung- und Veränderung in Kiesgruben und Baggerseelandschaften; seit **1983** Beschäftigung mit Spielhäusern und Spiellandschaften; **1985** *SKULPTUR-ZEICHNUNG,* Ausstellung, Alter Wiehrebahnhof Freiburg; Architekturpreis der Hamburger Loddersstiftung; Erkundungen und Raumanalysen von Industrie-, Gewerbe- u. Siedlungsbrachen; **1986** Zusammenarbeit mit G. Diel, Werkstatt für Experimental-Architektur Berlin; 1. Preis im Schinkel-Wettbewerb, Sparte *KUNST UND BAUEN*, Märkisches Viertel Berlin, Folgeausstellungen; **1987** 1. Preis im Internationalen Wettbewerb zur behutsamen Verstädterung der Berliner Mauer; kleine Baggersee-Zeltwerkstatt am südl. Oberrhein (mit Glatzel, Weber, Gazis, Puritz – Berlin); *KOMPLEXBRIGADE*, Installation, Park der Galerie Schloß Rimsingen bei Freiburg i. Br.; *MYTHOS BERLIN,* Ausstellungsbeteiligung auf dem Gelände des Anhalter-Bahnhofs; *IBA,* Tegeler Pavillon, Ausstellung (Märkisches Viertel Berlin – Schinkelpreise); *EIS-MAUER,* Museum Haus am Checkpoint Charlie Berlin (Ankauf, Ausstellung); **1988** 2. Preis, Realisierungswettbewerb *KUNST AM BAU,* Erweiterungsbau Landratsamt Freiburg i. Br.; *WESTEND-KOMPLEXBRIGADE*, Installation auf dem Gleisgelände (Künstlerbahnhof) der Karl-Hofer-Gesellschaft Berlin zur E 88; Zusammenarbeit mit der Stuttgarter Werkgruppe für Architektur und Stadtplanung, Koch-Frohnmayer; Kieswerk-Skulpturen, Entwurf, Planung, Architekturskulpturen, Siloexperimente, Innenraumkonzepte; **1989** experimentelle Siedlungskonzeptionen mit G. Dürr, Freiburg; Zusammenarbeit mit Prof. L. Thürmer, Berlin; *EXPERIMENTUM HOMINIS*, Video-Installation zum 6. Deutschen Kunst- und Therapiekongreß in Kassel; *LOGO-MOTIV/* Städtebauvorschlag mit G. Dürr, Sonderankauf der Stadt Weil am Rhein; *GRAVEL-PITS*, Projektierungen; **1990** diverse Baurealisierungen in Südbaden (Werkhallen, Energiehaus, Architekturskulptur); Wettbewerbsankauf Städtebau Bahlingen mit G. Dürr, Freiburg; Kieswerk-Musikvideo mit Steve Schröder, F. u. A. Lindlar, Freiburg; *GRAVEL-PITS/* Architekturen, Skulpturen, Modelle, Galerie *AEDES –* Architekturforum Berlin; Invitation Centre Regional D'Art Contemporain Ville D'Altkirch, France/Alsace; *JAMITH/* Installation Städtische Galerie Schwarzes, Kloster Freiburg.

Thomas Spiegelhalter

Lebt in Freiburg und Berlin; Ausbildung als Bildhauer in Freiburg; Stipendium in Venedig; Studium der Bildhauerei, Architektur und Visuelle Kommunikation in Bremen, Flensburg und an der HdK Berlin (Meisterschülerabschluß).